親子で挑戦！

子どもの「未来」を考える

国立小学校受験合格完全ガイド

Q&A

50

JN034397

国立小学校合格研究所ちきゅうまる代表
神山 眞

チャイルド学院教務主査
小栗啓志

チャイルド社

はじめに

　小学校受験。それは、子どもの将来の教育環境を決める上で大切な第一歩と言えます。

　しかし、この時期の子どもには、小学校受験の意味も、進学先の違いも理解できません。そのため小学校受験は、子どもの意志とは関係なく、保護者の意向で決まる最初の進路選びといっても過言ではありません。

　それだけに保護者の学校選びや理解は大切になります。これから6年間子どもを預ける学校はどんな校風なのか、どんなお友だちができるのかなど、学校の基本的なメリットを理解して進学することにより、子どもの将来や家族にとって価値のある学校生活を送ることができます。

　小学校受験では、受験準備期間から考査本番まで多くの場面で保護者の出番があります。子どもと保護者の二人三脚で

取り組むことにより、ご自身の子どもへの理解が進み、愛情が深まることは間違いありません。小学校受験という共通の目標をもって二人三脚で取り組むことは、必ず子どもと保護者の有意義な時間になるでしょう。

　この本では、情報の少ない国立小学校に関するノウハウをＱ＆Ａ形式で、実際にあったエピソードを盛り込みながらわかりやすくお伝えしています。

　国立小学校合格のこれまでの多くの実績を踏まえ、最短・最小コストで合格するためのノウハウを、(株)オフィス地球丸の神山眞と、(株)チャイルド社が運営するチャイルド学院の小栗啓志が皆様にお伝えいたします。

親子で挑戦！
子どもの「未来」を考える
国立小学校受験
合格完全ガイド Q&A 50

 PART 1 受験決定までの Q&A

CONTENT

PART 2 塾についての Q&A

PART 3 家庭学習の Q&A

CONTENT

 願書の準備～小学校入学までの Q&A

CONTENT

PART 5 受験準備5ステップ

PART 1

受験決定までの Q&A

Q 国立小学校受験に価値はある?

国立小学校受験は倍率が高く、抽選もあると聞きました。それでも、受験をする価値はあるのでしょうか。

A 準備する過程で身につく力 そのものに価値がある

結論から言えば、十分に価値はあります。国立小学校受験では、学習や運動面だけでなく、生活面での自立や社会性なども問われます。それに合わせて、親子で準備をすることになるでしょう。その経験そのものが、子どものよりよい成長につながります。たとえ結果が得られなくても、準備の過程で身についた力は無駄にはなりません。

また、国立小学校受験は、これまでの子育てを振り返ったり、夫婦で改めて子育ての方針について語り合ったりする機会にもなります。

受験をきっかけに1年後、6年後、さらにその先の子どもの姿を見据えることで、目先の出来・不出来にとらわれず、真の意味で子どもの力を伸ばす子育てが実践できるようになるでしょう。

国立小学校の選考で問われる内容

試験では、以下のような内容が問われます。

学習面

・ペンや鉛筆を正しく持てる
・数、図形、位置の把握、比較、言語、常識、運筆の課題が理解できる　　　　　　　　など

運動面

・「ケンケン」「ケンパー」ができる
・両足を揃えた幅跳びができる
・「くま歩き」※ができる
・「でんぐり返し」や「イモ虫ゴロゴロ」などのマット運動ができる
・片足バランスができる
・模倣運動ができる（ポーズを真似る）　　　　　　　　　　　など

生活面

・決まった時間に起床・就寝している
・衣服の脱ぎ着が自分でできる
・箸を正しく使って食事ができる
・玄関で靴を揃える習慣がついている
・靴ひもが結べる　　など

社会性

・適切な声量で返事ができる
・目を見て挨拶ができる
・「ありがとう」「ごめんなさい」が言える
・公共の場で静かにできる
・集団の中で、集中して話が聞ける
・集団において、協力して1つのことに取り組むことができる
・集団の中で声をかけたり、同意することができる　　　　　　　　など

※「くま歩き」の説明は 144 ページに掲載

公立小学校と国立小学校の違いは？

どちらも公の教育という意味では同じだと思うのですが、どのような違いがあるのでしょうか。

国立小学校は実験的研究を行う場

　公立小学校と国立小学校では、大きな違いがあります。

　まずは、授業。公立小学校は、文部科学省が定めた小学校学習指導要領に沿って、各地方自治体の教員試験を通過した教師が、決められた時限と人数のクラスで授業を行っています。一方、国立小学校は、小学校教育の理論および実践に関する実験的研究を行う場であり、教師はユニークな最先端の学習方法を考え、自由に実践しています。そのため、教科書の通りに授業が進まないこともあります。

　そして、環境。国立小学校は大学の附属研究学校として、長期研修生や教育実習生、インターンシップの学生などの受け入れをしています。そのため公開授業などの機会も多く、学内に人の出入りが多く見られます。また、公立小学校に比べて「学区域」が広い点も大きな特徴です。電車やバスなどの公共交通機関を利用して遠距離を通学するため、通学中の危険性が高まること、住んでいる地域とのかかわりが薄くなりがちだということも知っておいてください。

国立小学校の特徴

　合う・合わないは、人それぞれです。まずは、国立小学校の特徴を知り、その環境が合うかどうかを検討してみましょう。

> 研究校としての使命を果たすため、カリキュラム、教育内容、教育方法を開発し、柔軟な学習指導を行っている

　⇒　教科書通りに進まないこともあり、家庭で学習をフォローする必要がある。

> 校外学習、体験的な活動が多く行われている

　⇒　保護者の協力を得る場面が多い。

> 多くの人の出入りがあり、様々な出会いや機会に恵まれる

　⇒　初めてのこと、新しい試みに対して、興味・関心を抱くことができる子どもに向いている。

国立小学校に入学すると かかる費用は?

国立小学校では、どのくらいお金がかかりますか?

公立小学校よりかかるが、 私立小学校よりかからない

国立小学校でかかる費用は、給食費、教材費、ＰＴＡ会費などの諸経費。入学金と授業料はかかりません。また、制服や制帽、指定のランドセル等があれば、それらの費用もかかります。交通機関を使って通学する場合は、交通費も必要になります。これらは公立小学校でも同じことです。

国立小学校と公立小学校で大きく違うのは、「学校後援会」（学校によって名称は違う）にかかる費用があることでしょうか。入会金や年会費、寄付金等が徴収されます。ある国立小学校では、後援会の寄付金として１口７万円が提示されていました。寄付金は「任意」とされていますが、実際には払う人が多いと聞きます。

このように、国立小学校は公立小学校に比べればお金がかかります。しかし、私立小学校に比べれば割安です。広大な敷地、充実した教育環境の中で、高度な教育が受けられることを考えれば、お得であるとも言えるでしょう。

プラス

小学校の初年度費用

国立小学校でも、学校によって費用は異なります。首都圏の国立小学校の費用の目安を紹介します。

ある小学校の初年度費用と内訳例

教材費	＝	21,000 円
給食費	＝	58,200 円
PTA 会費	＝	14,200 円
制服、制帽、体操着、ランドセル、スモック等	＝	105,000 円
後援会費	＝	300,000 円

計 498,400 円

4

国立小学校と私立小学校の受験の違いは？

試験の方法や内容に違いはありますか。国立と私立の受験準備を並行させることはできるのでしょうか。

国立小学校には抽選があることが大きな違い

　国立小学校の受験は、入学試験のほかに抽選があり、努力や実力が必ずしも結果に結びつかないという点で、私立小学校の受験とは大きな違いがあります。

　人気の高い首都圏の国立小学校では、抽選も含めると10人に1人程度しか入学できないこともあります。準備が必ずしも結果に結びつかないことが往々にしてあるのです。一方、私立小学校の場合、受験の倍率が高い学校もありますが、比較的入学しやすい学校もあり、十分に準備を重ね、教育方針に共感する学校を複数校受験すれば、どこかには入学できる可能性が高いと言えるでしょう。

　国立でも、私立でも、それぞれの学校の求める子ども像があり、試験の内容も違います。受験に対する心構えや準備の仕方も変わってきます。そもそも併願すべきかどうかから考え、国立と私立の受験を並行する場合は、十分な準備期間が必要になるでしょう。無理のないように準備することをおすすめします。

episode

併願から私立小学校を選択した家庭

　年中組の４月から塾に入ってきた男の子がいました。天真爛漫で子どもらしいお子さんでした。考えることが大好きで、塾で出会った図形の問題が気に入り、熱心に取り組んでいました。難しい問題を一生懸命考え、「できた！」という瞬間には涙を流して喜ぶ姿が印象に残っています。

　そのお子さんは、はじめは国立小学校を受験するつもりでしたが、ノンペーパーで比較的自由な校風の私立小学校を受験したところ合格。校風が合っていると思われたようで、国立ではなく、その学校に通うことを決めました。

　ペーパー重視の学校や数年かけての準備が必要な伝統校などとの併願は難しいかもしれませんが、国立小学校受験と似通った試験を行う学校であれば、併願は可能かもしれません。

国立小学校卒業後の進路は？

国立小学校卒業後は、系列中学校に進学できますか。高校まで、そのまま進めるのですか。大学はどうですか。

中学はほぼ進めるが、高校進学は厳しい

多くの国立小学校で、系列中学校への進学の制度があります。進学の際に選考試験が行われる学校もありますが、外部からの受験生に比べると優遇されています。

筑波大学附属小学校の場合は、年度によって違いはありますが、約80～85％が附属中学校に進学しています。約15～20％の外部進学者の中には、私立中学校を受験するなど、自ら外に出るケースも多く含まれています。

附属高校への進学については、併設されていない学校もあるので一概には言えませんが、併設されている場合には、多少の優遇があります。しかし、中学校への進学率と比べると、高校への進学率は大きく下がることもあります。また、母体となる大学への進学を希望する場合は、入学試験を受ける必要があります。

小学校から中学・高校までの内部進学

　学校により、または地域によっても、内部進学率は異なります。ある小学校の内部進学の例を紹介します。

小学校

定員：105名

　70～80％が附属中学校に進学する。選考試験は、一般の受験生とは異なる。

中学校

定員：160名（外部枠約60名）

　学力テストによる内部審査に合格した者のみ、附属高校へ進学する。ほかの附属中学校からも進学者がいる。

附属高等学校

定員320名（外部枠106名）

両親の意見が 合わない時は？

子どもはもっと外で遊ばせるべきだという父親、家庭学習を優先させたい母親。意見が合わず、困ります。

意見が同じでなくてもいい。 困ったら専門家を頼って

　両親の意見は、必ずしも同じでなくてよいのです。両親が同じほうを向きすぎることで、子どもを追いつめてしまうなどの弊害もあります。子どものよりよい人生を願う気持ちが根本のところで一致していれば、むしろ多少違っていたほうが子どものためにはよいのではないでしょうか。

　質問のケースであれば、父親は子どもと遊ぶ役に徹してもらうとよいでしょう。子どもが机の前の家庭学習に飽きたり、煮詰まったりした時は、外で体を動かして思い切り遊ぶことで、気持ちが切り替わります。

　それでも、意見が合わずに困る時は専門家を頼りましょう。そういう時こそ、塾の出番なのです。子どもの様子や家庭の状況を客観的に見てもらい、アドバイスをもらいます。互いに相手の言うことを受け入れられない場合でも、専門家の意見であれば耳を傾けられるかもしれません。

➕ プラス 夫婦が互いを 尊重し合うことが大切

　最近、母親が受験に熱心になるあまり、家庭の雰囲気が悪くなってしまうケースが多いように感じています。

　例えば、父親が勉強を教える時に塾と違うやり方をしたり、子どもの行儀の悪さを注意しなかったりすると、母親がイライラし、子どもの前で父親を否定してしまうケースがあるのです。「何も知らないくせに余計なことしないで」「口出ししないで」など、子どもに聞かせてよいセリフではありませんね。

　このような家庭では、子どもの気持ちは不安定になります。大人の顔色を伺ったり、落ち着きのなさが目立ったりします。当然、試験によい結果は期待できません。

　夫婦が互いによいところを認め合い、尊重し合う姿勢を子どもに見せることが、子どもの健やかな育ちにつながることを忘れないようにしましょう。

Q 受験に向いている子、向いていない子

まわりに比べて、幼く感じられる子です。国立小学校受験には
向いていないでしょうか。

A 子どもの伸びどきを見極めて判断

　たくさんの子どもを見てきました。中には、小学校受験を
するには早いかな、と感じる子どももいます。それは、「ダ
メな子」ということではありません。成長の時期が来ていな
いだけのことです。子どもによって成長の時期は様々で、幼
児期に大きく伸びる子どももいれば、小学校高学年になって
から伸びる子どももいます。

　ただし、親から見て幼く感じられるとしても「無理だな」
と決めつけず、家庭学習を始めてみたり、塾を体験させてみ
たりするのはどうでしょう。本人が塾に通うことや家庭学習
を楽しんでいる様子があれば、準備を続けてみてはどうかと
思います。反対に、塾を嫌がったり、学習にまったく興味を
示さなかったりする場合は、無理強いしないほうがいいかも
しれません。

　勉強以外のことに力を発揮する子どももいます。その子ど
もに合った進路を考えていきましょう。

➕ プラス 受験に月齢の考慮をする 学校は少ない

　国立小学校受験の多くは、月齢の考慮がありません。早生まれの子どもは、４〜５月生まれの子どもに比べて１年近くも発達に差があり、受験には不利だと言えるでしょう。

　ただ、月齢以外にも発達に影響する要素はたくさんあります。生まれついての個性もあります。上にきょうだいがいたり、乳児期から保育園に通っていたりなど、育つ環境の違いによっても発達は変わります。

　ですから、「早生まれだから無理」などと決めつけず、子どもの姿を観察して、国立小学校受験を検討しましょう。

　なお、月齢ごとにグループを分け、試験の日や内容を変えている学校もあります。令和２年を例にとると、首都圏では筑波大学附属小学校とお茶の水女子大学附属小学校がグループ別の試験を行い、それぞれのグループから合格者を出しています。

国立小学校の試験内容を知りたい

どのような試験が行われるのでしょうか。学校によって違いはありますか。

A ペーパー、製作、運動、行動観察など

　国立小学校の試験内容は、学校によって異なります。

　試験の種類には、子どもが取り組む「ペーパー」と呼ばれるプリント課題や「製作」「口頭試問」「運動」「行動観察」等のほかに、親子で取り組む「親子課題」、保護者に課される「保護者面接」「作文」などがあります。これらのどの項目の試験が行われるかは、学校によって異なります。

　以下、試験の内容です。

ペーパー	テープから流れる音声及び問題を聞く。または試験官が読み上げる音声を聞き、問題を聞く。主なジャンルは「数」「形」「比較」「位置の理解」「常識」「言語」
製作	作品を作る、生活習慣における作業をする
運動	指示を聞き、縄跳びやケンケンなどの運動をする
行動観察	自由遊びやゲーム、集団での作業、模倣活動などを行い、コミュニケーション能力や意欲、態度を見る
口頭試問	試験官による面接

※試験内容の詳細は 140 〜 145 ページに掲載

プラス 試験内容の例

　首都圏の国立小学校の試験内容です。年度によって異なる可能性もあります。

東京学芸大学附属竹早小学校

行動観察・口頭試問・親子課題・保護者面接

東京学芸大学附属世田谷小学校

ペーパー・製作・運動・行動観察・口頭試問・保護者アンケート

東京学芸大学附属大泉小学校

ペーパー・製作・運動・行動観察・口頭試問

東京学芸大学附属小金井小学校

ペーパー・製作・運動・行動観察・口頭試問

お茶の水女子大学附属小学校

製作・運動・口頭試問・行動観察・保護者面接・保護者作文

筑波大学附属小学校

ペーパー・製作・運動・行動観察・口頭試問・保護者作文

Q 受験準備はいつから 始めるのがいい?

なんとなく国立小学校受験を考えています。いつから準備を始めればいいですか?

A 本格的な取り組みは 試験の1年前頃からに

　一般的には、新年長になる前の冬(試験の約1年前)から準備を始めると、子どもの負担になりにくいでしょう。冬から春、夏、そして秋になる季節の移り変わりをリアルに感じることができるから、という理由もあります。ただし、受験を考えた時が始めどきでもあり、逆に遅すぎるとあきらめる必要もありません。

　学習を進めていく上で大切になるのは、机上の知識ではなく、経験です。受験を決めたら、生活習慣を身につけ、絵本の読み聞かせなどを通して語彙を増やすことを意識しましょう。外で思いきり遊んだり、家族で過ごしたり園生活を送ったりする中で、季節の移り変わりを感じ、お手伝いや行事を経験し、花や虫と触れ合うなど、さまざまな経験を積み重ねます。その上で、ペーパーの課題に取り組むようにするとよいでしょう。

　受験準備の進め方については、Part 5「受験準備　5ステップ」(124ページ〜)を参考にしてください。

プラス 早すぎることの弊害に注意

　受験準備を早く始めた子どもは、はじめのうち友だちより課題がよくできるので、子どもも保護者も「自分は（うちの子は）勉強ができる」と自信をもちがちです。

　自信をもつのは悪いことではないのですが、怖いのは、後から準備を始めた友だちの勉強が進み、追いついてきた時に自信を失ってしまう時期があることです。これまで、塾の中で自分が一番にできていたのに、最近は友だちのほうが、課題を終えるのが早い。そんなことで子どもの自信はゆらいでしまいます。保護者も「最近、うちの子、スランプなんです」と、以前に比べて出来が悪いのは一時的なものだとして、子どもの現状を冷静に受け止められないことがあります。

　受験準備を早くから始めるメリットは多々ありますが、一方で、このような弊害があるということを覚えておいてください。

志望校の選び方は？

通えそうなエリアに、国立小学校がいくつかあります。どの小学校を受験するかの判断基準が知りたいです。

学校の教育方針や教育環境を理解して選ぶ

　国立小学校にはそれぞれ、受験が可能な地域が「通学区域」として定められており、この通学区域内に家族とともに同居していることが受験の条件です。距離的に通えそうであっても「通学区域」に含まれているとは限らないので、まずはそこを確認しましょう。

　その上で、複数校の受験が可能であれば、そこから志望校を選ぶことになります。現実には、すべて受験する方が多いようです。

　しかし、本来は、その学校の教育方針や教育環境をしっかり理解した上で志望することが大切です。併せて、その学校がどのような子どもを望んでいるのかを確認し、それが子どもの個性と合っているのかについても考えましょう。

　通学経路を調べ、子どもが無理なく通えるかどうかも確認しておきます。できれば30〜40分以内、長くても1時間は超えないようにし、乗り換えも2回以内に抑えるなど、子どもに負担がかからないようにしたいものです。

＋ プラス　東京都内の国立小学校の 通学区域

　ここでは、東京都の国立小学校の通学区域を紹介します。全国の国立小学校の通学区域は、「国立小学校データ」（154ページ〜）を参考にしてください。

※なお、こちらに掲載しているのはいずれも令和3年のデータです。
　詳しくは各学校のホームページをご確認ください。

筑波大学附属小学校
東京23区・西東京市・埼玉県和光市

お茶の水女子大学附属小学校
東京23区

東京学芸大学附属竹早小学校
東京23区・通学所要時間60分以内

東京学芸大学附属大泉小学校
通学所要時間40分以内

東京学芸大学附属小金井小学校
学校が指定する地域

東京学芸大学附属世田谷小学校
学校が指定する地域

受験情報の集め方は？

受験する国立小学校の情報は、どのように集めればよいのでしょうか。

ホームページや説明会。
学校発信の情報を重視

　まずチェックしてほしいのは、その学校のホームページです。ホームページには、学校案内（学校紹介）が載っており、学校の特徴や教育方針などが説明されています。

　試験日や願書配布日、説明会の日程など、受験に関する情報もホームページから発信されます。緊急連絡、例えば天候不良による説明会の延期のお知らせなどもホームページから発信されることが多いようです。

　説明会があれば必ず参加しましょう。説明会で配布される資料は貴重な情報源です。くまなく目を通してください。

　具体的な学校生活の様子などの情報は、インターネットの掲示板や、実際に学校に通わせている保護者から入ってくることもあるでしょう。生の声は参考になりますが、鵜呑みにしすぎないことも大切です。その人によって感じ方や捉え方は違うので、同じ学校でもまったく異なる意見が出てくることがあるからです。

学校のそばまで行ってみよう

　最近は、危機管理の観点から、学校見学や行事を公開していない国立小学校が多いようです。そこで、学校や子どもの様子を知るために、登下校の時間に合わせ、学校の近くまで子どもと一緒に行ってみることをおすすめします。

　学校に入ることはできなくても、登下校の子どもの姿に、その学校の雰囲気が表れているものです。バスから降りる際に、大きな声で「ありがとうございました」と言う子どもを見て、その学校の受験を決意したという保護者もいます。

　ある子どもは、落としたハンカチを拾ってくれたことに感激し、「ぼくも、あのお姉ちゃんのいる学校に入りたい」と言ったそうです。また、広大な敷地や緑に囲まれた環境を外から見て、「素敵だな」「ここに通いたいな」と思う子どももいます。子どもの気持ちを高めるためにも、是非、学校の近くまで足を運んでみてください。

学校説明会に行く必要はある？

学校説明会には、必ず行くべきですか。行った場合、聞くべきポイントはありますか。

必ず参加し、しっかりメモをとる

　説明会が開催される場合は、必ず参加してください。

　校長や諸先生の話は、もらさないようしっかり聞きます。試験内容に保護者の面接や作文、アンケート等がある場合や願書に志望動機を書く時は、説明会での話が重要な資料になります。「共感した点」「感動した点」「感銘を受けた点」などを中心にメモを取り、帰宅してから整理してまとめておきましょう。

　また国立小学校についての理解を深めるために、以下の内容についての話があった時は、必ずメモをとるようにしましょう。

- 研究校・実習校として具体的にどのような実践をしているか
- 保護者、家庭は、どのような場面で協力を要請されるか
- 転勤などで転居の必要が出た場合の復学の制度について

　なお、説明会は小学校の中に入れる数少ないチャンスです。教室や校舎全体、教職員の方々の印象などについても、気づいたことをメモしておくとよいでしょう。

メモをとる必要性・3つの理由

　学校説明会でしっかりメモをとることをすすめる理由は3つあります。

①　保護者面接、作文、アンケート記入の資料とするため

保護者面接や作文、アンケート記入などがある場合は、校長や先生の話の内容が貴重な資料となる。

②　モチベーション維持のため

メモに書かれた「校長の言葉」などを読むことで、モチベーションの維持につながる。

③　受験の是非を確認するため

説明会に行くと、それまでに抱いていたのと違う印象をもつ可能性もある。「期待以上だった」という人がいる一方、「あまりピンと来なかった」という人もいる。メモをもとに感じたことを家庭で話し合い、最終的に、子どもを6年間預けるのに値する学校であるかどうかを確認する。

国立小学校の保護者の特徴は？

国立小学校に通っている子どもの保護者は、どんな人たちでしょうか。共通する特徴はありますか。

学校の求める協力に対応できる保護者

　いろいろな職業、年齢、家族構成、国籍の保護者がいます。一つ共通しているのは、時間に融通がきく保護者だということでしょうか。

　というのも、公立小学校に比べて国立小学校は、家庭の協力が求められることが多くあるからです。説明会で、「家庭の協力が必要不可欠だ」と公言している学校もあります。授業や学校行事への協力を求められるほか、役員活動も盛んなので、学校に出向くことが多くなります。

　共働きの家庭も少なくありませんが、仕事や職場に理解がある、夫婦で調整ができるなど、学校が求める協力に対応できる方が多いようです。また、学校に協力するといった形で子育てに手をかけること自体を喜びに感じられることが、共通する特徴だと思われます。

プラス ➕ 家庭の事情は合否に影響しない

　保護者の学歴や職業、年収、外国籍である、ひとり親家庭であるなどの家庭の事情が、受験の結果に影響するかという質問を受けることがあります。

　少なくとも国立小学校では、家庭の事情による影響はないとお答えしています。実際、様々な事情を抱えた方も合格されています。

　備考欄に書く内容については、募集要項の注意書きをよく読み、わからない時は塾などに相談してみましょう。

受験することを
周囲に伝える?

国立小学校を受験することを園の保護者仲間に伝えたほうがいいのでしょうか。

わざわざ公言せず、自然体で

保護者同士、かなりオープンに互いの情報を伝え合っているケースも見聞きします。でも、先々のことを考えると、あえて伝える必要はないでしょう。

とはいえ、嘘をついてまで受験を隠すのも不自然です。子どもの口からもれることもあります。説明会や受験会場で知り合いと顔を合わせることもありますから、自然体でよいのではないでしょうか。

気をつけたいのは、受験の結果によって誰かを傷つけることのないように、ということです。自分の子どもが合格した場合、大人が吹聴しないことはもちろんですが、子どもにも「行きたい学校に行かれないお友だちもいるからね」「お友だちが悲しい思いをしないように黙っていようね」などと、むやみに口外しないように伝えましょう。他者への配慮を教えるよい機会だと捉えるとよいと思います。

プラス 園には伝えたほうがよい

　国立小学校の受験は、園の行事が多い時期と重なります。例えば、生活発表会と受験が同じ日だと、いきなり休むのは、園にもまわりの子どもにも迷惑がかかる可能性があります。そこで、あらかじめ「国立小学校の受験を考えていますので、11月○日はお休みをさせていただくことになります」と伝えておくようにしましょう。そうすれば、園も劇の配役をダブルキャストにするなどの配慮ができます。

　また、受験が近づくと子どものメンタルに影響が出てくる場合もあります。園に伝えておくことで、それをふまえた対応をしてもらえるかもしれません。

「できた!」はゴールではなく、
スタートです。

PART 2

塾についての Q&A

Q 受験のために 塾通いは必須?

家庭学習だけで合格することはできますか。塾に行ったほうがいいのでしょうか。

A 情報収集のためにも 塾通いは必要

　小学校受験の学習方法は大きく分けて、①家庭学習だけで合格を目指す、②家庭学習を中心に塾の講座を単発で受講する、③定期的に塾に通う、の3タイプになります。

　①のように、塾を利用せず家庭学習だけで合格を目指すことができないとは言い切れません。しかし実際にはなかなか容易ではないでしょう。というのも、小学校受験は中学や高校、大学受験に比べて情報が少なく、具体的にどのような試験が行われるのか、実態がわかりにくいからです。

　ペーパー課題の問題集はたくさん売っていますが、参考書はありません。また、国立小学校受験は、ペーパー課題だけではなく、口頭試問や行動観察などにも備える必要があります。そのための準備ができるのが塾のメリットです。

　保護者自身や家族が小学校受験を経験している、地方などで近辺に小学校受験向けの塾がないなどの場合を除き、ほとんどの家庭が何らかの形で塾を利用しているといっても過言ではないでしょう。

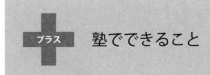

塾でできること

　国立小学校受験の準備において、塾でできることをまとめます。

　集団の中でのペーパー学習またはテスト形式課題

　集団の中での指示製作

　知らない人との問答

　知らない仲間とのコミュニケーション

　他者との比較と待機

16

塾の選び方は？

通える範囲にいくつか塾があります。何を基準に選ぶとよい
ですか。

体験授業で
子どもとの相性をチェックする

　　いちばん大切なのは、子どもとの相性です。どんなに指導
法が優れていても、合格実績が高くても、子どもが楽しく通
える塾でなければ意味はありません。

　　まずは、通える範囲の塾をいくつかピックアップし、その
塾の講座内容――ペーパー試験の対策のみ、行動観察や運動・
口頭試問まで対応、願書の添削や面談の練習にも対応――を
確認します。

　　塾にどこまでの対応を望むかを検討した上で、希望する塾
の体験授業に申し込みましょう。比較検討ができるよう、で
きれば２、３件、体験してみることをおすすめします。

　　子どもが「楽しかった」「また行きたい」という感想をも
った塾に通うのが理想ですが、保護者と塾、または講師との
相性も大切です。体験授業は保護者も見学できるところが多
いので、保護者の相性も含めて検討しましょう。

塾に確認するべきポイント

　塾の説明会や体験授業の際、聞いておくべきポイントをあげます。

> 通塾スケジュール（週〇回、1回の時間など）

> 費用はどれくらいかかるか（入会金、月謝、教材費など）

> ペーパー対策のほか、行動観察、口頭試問、運動、製作などの対策もしているか

知らずに「ペーパー対策」のみの塾に入所した親子が、試験間際の9月、10月になってから「どこか願書の添削をしてくれるところはないか」などと慌てて別の塾を探すケースが例年あります。

> 願書の添削や面接の練習をしているか

> 合格実績

> 入塾にあたり、揃える必要のあるもの

> （私立の併願を考えている場合）私立の受験対策も行っているか

> 休んだ際のフォロー（振り替え等）

17

Q いつから塾に通い始めたらいい?

国立小学校受験をする場合、いつから塾に通い始めるのが理想ですか。

A 塾の新年度が始まる 受験の1年前が理想

　国立小学校だけを目指すのであれば、一般的には試験の1年前、塾の新年度(新年長クラス)が始まる時期(11月頃)からでも大丈夫です。1年間のカリキュラムを組んでいる塾が多いので、無理なく進んでいけるという点でも、塾の新年度の始まりに合わせるのがよいと思います。

　1年前に入塾することを考えると、その少し前から塾をリサーチしておく必要があります。体験の必要性については、すでにお伝えしました(42ページ参照)が、新年度が始まる前に体験授業を行っている塾もあるので、さらに3か月ほど前までには、塾の情報を入手しておくようにしましょう。

　体験授業が一定期間に限定されていたり、途中からの入塾がむずかしい塾もあります。また、同じ塾でも人気のあるクラスはすぐに満席になってしまう場合もあるので、注意が必要です。

受験に対するスタンスを決めておく

　塾に通い始める前に受験に対するスタンスを決めておくことが大切です。塾通いが始まると、塾の方針やまわりの雰囲気に巻き込まれることがあるからです。

　どのようなスタンスで小学校受験に向かうのか、家族でしっかり話し合っておきましょう。

> とにかく合格を目指す

> 受験を利用して勉強の習慣をつけることを目的にする

> 家族で受験にチャレンジすること自体を大切にする

> 習いごとの一つとして塾を捉え、楽しむことを大切にする

> その先の学童期にも生きてくる力を養うことを大切にする

18

塾とのつき合い方、注意点は？

塾に通わせています。塾とのつき合い方のコツを教えてください。

塾を信頼して任せ、困ったことはすぐに相談

塾とのよいつき合いを望むのであれば、子どもが塾にいる時間については、塾を信頼して任せることが大切です。その日の子どもの言動や表情、出来具合などを質問する保護者がいます。また、塾や教師のわが子への対応を気にする保護者もいます。このような保護者の姿勢を負担に感じる塾は多いものです。

塾は、子どもを総合的に見て、受験日までに合格ラインにもっていけるように考え、指導をします。例えば、「うちの子どもが横を向いていたら、前を見るように厳しく注意をしてほしい」と保護者に言われても、それがいま、この時点で必要な指導ではないと判断すれば、注意をしないこともあります。

一方、志望校選びに迷ったり、家庭学習を進めている中で、わからないこと、困ったことがあったりしたら、すぐに塾に相談しましょう。これまでの経験をふまえたアドバイスが得られると思います。

塾に相談する時のポイント

プラス

塾に相談する時、何に気をつけたらよいでしょうか。信頼関係をつくるためのポイントを紹介します。

事前にアポイントをとる

「〇〇について相談させていただきたいのですが、お時間をいただけますか」と、アポイントをとる。

子どものマイナス面は、子どものいないところで話す

子どもの情報ははじめに伝える

落ち着きがなく座っていられない、人見知り・場所見知りが強いなど、ネガティブな情報も伝えておくと、塾側が対応しやすくなる。

19

塾を併用してもいい？

メインで通っている塾以外に、ほかの塾の講座に参加しても
よいのでしょうか。

慎重に検討し、併用を。
希望する時は塾に相談を

　塾を併用すると、情報が多すぎてどれを信頼してよいかわ
からなくなることがあります。また、指導法が違うことで子
どもが混乱する弊害があります。さらに、週に何回も塾に通
うことで、子どもが疲れ切ってしまうのも心配です。合格の
ために、あれもこれもと思う気持ちは理解できますが、慎重
に考えてください。

　ただし、目的がはっきりしているなら、併用もよいでしょ
う。メインで通っている塾がペーパー対策のみで、口頭試問
や行動観察の対策はしていない場合などは、「ほかの塾の○
○という講座を受講してみたいのですが」と相談してみると
よいでしょう。このような相談が遠慮なくできるためにも、
塾との信頼関係を築くことが大切です。

大手塾と個人塾それぞれの特徴

　大手塾と個人塾それぞれの特徴を紹介します。塾を併用する際などの参考にしてください。

大手塾の特徴	個人塾の特徴
塾主導で授業が進む	一人ひとりの子どもに合わせて授業が進む
ペーパーだけでなく、行動観察や口頭試問の準備にも対応した講座がある	講座の種類が少なく、必要な講座が用意されていないこともある
ある程度試験に似た雰囲気の中で授業が行われる	クラスの人数が少なく、実際の試験とは違う雰囲気の中で授業が行われる
個別の対応は難しい	個別の対応もしてくれる
情報量が多い	情報量にバラつきがある

20

Q 塾からの課題は 絶対にやるべき？

塾から出された課題は絶対にやらないとだめですか。

 ## やるほうがよいが、 無理はしない

　課題は、無理のない範囲で取り組んでほしいと思います。

　子どもの睡眠時間を削ってまで、無理に課題をさせる必要はありません。課題をさせなければというプレッシャーが、親子関係を悪くすることもあります。子どもの意思を尊重すること、父母の負担にならないようにすることが大切なのです。

　取り組むことがむずかしい時は、塾に相談をして、アドバイスをもらいましょう。量を減らしてもらう、または、優先順位を決めてもらい、最低限必要なところまではやって、余裕があったら先に進むのもよいでしょう。

　なお、国立小学校の場合、ペーパー課題の難易度はそれほど高くありません。大量の宿題をこなさなければ合格できないということはありません。学習を続けることを目的にし、無理はしないでください。

✚ プラス 家庭での課題の進め方

　塾からの課題などに家庭で取り組む場合、その適量や進め方は、子どもによって異なります。子どもの個性や時期によって、ペーパーの枚数を目標にしたほうがいい場合と、〇分間などと時間を目標にしたほうがいい場合があります。

　まだ勉強の習慣がついておらず、座らせることも大変な場合は、「２枚だけ」などと枚数を目標にしてください。勉強の習慣がついてきたら、一定の時間、勉強を続けることを目標にしてください。少しずつ本番の試験の時間に近づけていくとよいでしょう。

　勉強はペーパー課題だけに偏らず、５～15分ペーパーをしたら、３分間、ぬりえなどの製作や「片足ケンケン」などの運動をはさむといった具合に、メリハリをつけて取り組むことで継続できることもあります。

21

Q 塾に行きたくない と言われたら?

はじめは楽しく通っていましたが、塾に行くことを嫌がるようになりました。どう対応したらよいでしょう。

A 生活を振り返り、ストレスがないか確認

　まずは、子どもに、「行きたくない」理由を聞いてみましょう。言葉で説明できるかどうかは別として、子どもの気持ちを尊重する姿勢を示すことが大切だからです。

　理由がないのにただ行きたくないという場合は、睡眠不足や栄養不足、ストレスや疲れなどの可能性があります。生活リズムが乱れていないか、子どもが負担を感じていないかを振り返ってみましょう。保護者の緊張感やストレスが子どもに伝わっている場合もあります。

　子どもが成長し、まわりが見えるようになったことで、「○○ちゃんよりできない」自分に気づき、劣等感から塾が嫌になることもあります。思い当たる場合は、塾の先生に相談して対応してもらいましょう。家庭でも折にふれて自己肯定感を育む言葉をかけ、子どもの「がんばろう」という気持ちにつながるようにしましょう。

＋ プラス　小学校受験とチック

　小学校受験の準備期間中に、子どもにチックの症状が見られることがあります。

　チックとは、強い瞬きや頭を振る、鼻をクンクンさせるなど、意図なくくり返される筋肉の動きです。1〜2か月で消えることもありますが、1年ほど続くこともあります。原因はよくわかっていませんが、一つにストレスがあると考えられています。

　子どもにチックの症状が出た場合には、学習の負担が重過ぎないか、遊ぶ時間は十分に取れているか、また、保護者が子どもを追い詰めるような言葉をかけていないかなど、生活を振り返ってみます。

　子どもが穏やかな気持ちで過ごせるよう、環境を整えていきましょう。

　チックの症状の頻度が高く、日常生活に支障がある場合は、専門家に診てもらうことをおすすめします。

22

Q 塾には、どんな服装で通えばいい?

塾には、どんな服装で通えばいいですか。普段着でもよいのでしょうか。

A 試験が近づいたら、本番に近い格好で

　国立小学校志望の場合は、普段着で通塾する子どももいます。ただし、試験が近づいたら、徐々に本番に近い服装で塾に通うことをおすすめします。それは、本番の服装に慣れるためです。

　以前、模試で初めてベストを着た子が、慣れない服装に落ち着かず裾をずっといじっていたということがありました。本番でそのようなことがないようにするためにも、本番の服装に慣れておきましょう。

　服装が整うと、いつもとは違う時間というスイッチが入り、オンとオフの切り替えができます。それが所作にも影響します。きちんとした服装をすることで、しぜんとフォーマルな振る舞いができるようにもなるでしょう。

試験が近づいた時の
通塾の服装イメージ

　通塾には、少し気持ちが引きしまるような服装を選ぶ
とよいでしょう。106 ページの「試験当日の服装」も参
考にしてください。

23

Q 塾に持参すべきものは？

塾に通う時、配布されたテキストや文房具以外に必要なものはありますか。色や柄などの指定はありますか？

A 必要なのはバッグと靴袋

　通塾の持ち物も服装と同様、徐々に本番を意識します。

　まず、持ち物を入れるバッグを用意しましょう。テキストや文房具などが入る大きさのもの、レッスンバッグとして市販もされています。手作りしてもよいでしょう。

　上履きや脱いだ外履きを入れる靴袋も必要です。国立小学校は受験人数が多いため、下駄箱が用意されていない可能性があります。その場合、持っていった靴袋に外履きを入れることになります。塾通いで靴袋を利用する習慣をつけておくと当日、慌てずにすみます。

　バッグや靴袋の色や柄については、基本的には試験本番の服装にも合うものを選んでおくとよいでしょう。以前、キャラクターのついたハンドタオルを試験に持っていった子どもが、隣の席の子に「これ○○だよね」と話しかけられて答えたところ、試験官に注意されたことがあります。このような例もあるので、ハンカチやティッシュケースなども含めて、持ち物は、無地かワンポイントのものをおすすめします。

プラス 服装・持ち物をチェック！
専門店サイト一覧

　保護者のスーツや子どもの洋服、靴、持ち物等、いわゆる「お受験用品」を扱っている通販サイトがあります。購入や手作りの参考にしてください。

幼稚園や小学校の受験面接なら受験グッズの専門店

ハッピークローバー
https://www.happy-clover-ojuken.jp

フォーマル専門店メアリーココ
https://www.marycoco.jp/SHOP/840121/1020714/list.html

幼稚園・小学校受験専門店

マムエモア
https://mametmoi.com

24

Q 塾の保護者とどうつき合う?

塾で知り合ったママ友との関係に悩んでいます。どのように
つき合ったらよいですか。

A マナーを守り、適切な距離を保つ

　いわゆる「ママ友」は、子どもを介した関係であり、「友
だち」ではありません。一方で、同じ国立小学校を目指して
おり、小学校、さらにその先と長いおつき合いになる可能性
もあります。国立小学校では、保護者同士でトラブルを起こ
さないような保護者像を求めています。それらをふまえ、適
切な距離を保つことをおすすめします。

　「ママ友」からの情報は、とても有益なものもあれば、偏
ったものもあります。必要な情報は塾から得ることにして、
「ママ友」とはマナーを守った良識的なつき合いを心がけま
しょう。

プラス

保護者同士の情報交換

　保護者同士、仲よくすること自体はよいのですが、情報交換は節度とマナーを守ることが大切です。とくに塾の指導について語り合うことには注意が必要です。

　というのも、塾によっては、子どもの個性に合わせて効果的な指導を行うために、それぞれの子どもに応じて違うアドバイスをする場合があるからです。そのことを理解せずに保護者同士で情報交換をすると、いらぬ不安や心配が高まる可能性があります。

　まずは、塾の情報を大事にすることをすすめます。

受験はチーム戦です。
塾の先生がコーチで、家族がチームメンバー。
励まし合いながら、
ともに歩んでいきましょう。

PART 3

家庭学習の Q&A

25

家では何をしたらいい?

受験に向けて、家庭では何をしたらいいですか。ペーパーのほかにできることはありますか。

A 生活の中で身につけることを意識して取り組む

　国立小学校受験に必要なのは、ペーパー課題対策だけではありません。中学校や高校、大学受験のように、机上の学習だけで合格が目指せるわけではないことを、まずは保護者が認識しておく必要があります。

　国立小学校受験では、挨拶や気持ちのよい返事、正しい姿勢などが求められます。また、指示をしっかりと聞いて実行に移す力や、身のまわりのことを一人でできる力なども問われます。これらは普段の生活で身につけることができ、家庭で意識して取り組んでいくことがそのまま「学習」になります。さらに、課題だけでなく、家族で行事などを経験し、たくさんの思い出を作ることも受験につながります。

　受験する国立小学校の試験内容 (24 ページ参照) を確かめ、家庭でできることについては、もれがないように対策していきましょう。

家族で行きたい場所、経験したい行事

プラス

家族で経験し、たくさんの思い出を作りましょう。

行ってみたい場所

動物園・水族館・図書館・博物館・牧場・海・山・川・キャンプ場

季節の行事

〈春〉 ひなまつり・お花見・いちご狩り・たけのこほり・潮干狩り・子どもの日・母の日

〈夏〉 父の日・七夕・海水浴・花火・夏祭り・虫とり・キャンプ

〈秋〉 敬老の日・お月見・七五三・おいもほり・どんぐりひろい・落ち葉ひろい

〈冬〉 クリスマス・大掃除・お正月（かるた・すごろく・こま・凧揚げ・羽根つき・福笑い）・節分・雪合戦・スケート

26

身辺自立のために家庭ですべきことは？

国立小学校受験には「身辺自立」が大事だと聞きました。具体的にどのようなことをすればいいですか。

自分で登園準備をする

国立小学校が望む子どもの姿の一つに「身辺自立ができていること」があり、試験でも課題として出されることがあります。

そこで、取り組んでいただきたいのが、朝起きてから登園準備までを一人でできるようにするということです。朝、決まった時間に起きる。パジャマから洋服に着替え、脱いだものをたたむ。顔を洗い、歯を磨く。朝ごはんを食べたら、食器を流しに運ぶ。登園の準備をする。朝起きてから登園するまでには、これだけの準備があります。はじめのうちは、なかなかスムーズにできず、見ていてイライラすることもあると思います。しかし、そこをいかに待てるかが大事です。

ほかにも、毎日、決まった手伝いをさせるのもよいでしょう。例えば玄関の掃除を頼み、「玄関がきれいだって、お父さん、喜んでるよ」などと伝えましょう。家族の役に立つ経験は、自己肯定感を育みます。これらの経験の積み重ねが、すべて国立小学校受験につながっていくのです。

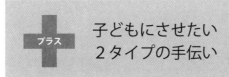

子どもにさせたい
2タイプの手伝い

プラス

　手伝いは、受験に向けて必要な「自己肯定感」「協調性」「忍耐力」「持続力」を育てます。どのタイミングでやるか、どのようにやるか、家族で考えましょう。

① 必ずできること、毎日できることを通して、自己肯定感を高めるための手伝い

例：玄関の靴を揃える、新聞をポストからとってくる、洗濯物を干す、配膳、洗濯物をたたむ

② 大がかりなものを一緒に行うことで、チーム（集団）で行うことの大切さを学ぶ手伝い

例：夏休みに捕まえたクワガタムシの飼育、冬の大掃除の手伝い、春の洋服の入れ替え、秋の落ち葉掃除

受験課題に向けて
家庭でできること

まずは、遊びの中で課題に向かう力を育てましょう。

ペーパー課題

ペーパーの課題を理解しやすくするために、実際の
経験を十分積んでおく

言語＝絵本の読み聞かせ、カード遊びなど
　数　＝おはじきを使って数を数える、身近なものを使って数
　　　　を表すなど
　形　＝タングラム、パターンブロック、折り紙など
比較＝粘土を使った大小の比較、紐を使った長短の比較など
位置＝ボードゲーム、片づけ、手伝いなど
常識＝片づけ、手伝いなど

製作課題

切ったり貼ったり、製作に求められる作業を十分経
験しておく

廃材を使った工作、ぬり絵、折り紙、ひも結びなど

口頭試問

口頭試問で問われる所作を家庭の中でも普段から身
につけておく

姿勢、挨拶、返事、声量、文型（です・ます）など

行動観察

試験の時に、知らない先生の指示に従ったり、知らない友だちとコミュニケーションがとれるよう、似た経験をしておく

児童館のプログラムに参加するなど

運動

どのような課題が出されてもスムーズに動けるよう、家庭でも取り組んでみる

くま歩き、ケンケン＆ケンパー、模倣体操、マット、体全体を使う公園遊び、園庭遊びなど

- -

家庭学習における問題集の扱い

＜用意＞

（通塾者）
・塾から渡された問題集を使う

（家庭学習者）
・系列化された問題集、単元別の問題集、志望校別問題集、過去問などを揃える

＜ペース配分＞

（通塾者）
・教室のペースに合わせる

（家庭学習者）
・続けられることを前提に、課題をこなす量（枚数）や時間帯、優先順位などを決める
・初動の時期については慎重に計画を練り、常に確認＆改善を柔軟に行う

27

子どもが学習したがらない時は？

時々「今日は勉強したくない」と言うことがあります。どう対応するのがよいでしょうか。

A 思い切って休んで気分転換を

　　やりたがらない時は無理強いせず、思い切って休ませたほうがよいでしょう。そして、なぜ「勉強したくない」のか、子どもに理由を聞き、子どもが理由を話す時はよく聞きましょう。理由が言えない、わからない場合は、子どもの生活を振り返ってみてください。睡眠は足りていますか。栄養バランスのよい食事を規則的にとっていますか。ストレスはたまっていないでしょうか。心身に疲れがたまって、「勉強したくない」気持ちになっている可能性があります。

　　休ませると決めた日は、外に出て、体を動かして遊ぶ時間にしてみましょう。脳科学でも、運動によって脳が活性化されると言われています。また、家の中で絵本や図鑑を読んだり、ゲームをしたりなど、リラックスして過ごすのもよいかもしれません。なお、折に触れて抱きしめるなどスキンシップを多めにとることで、子どものやる気が出たケースはたくさんあります。上手に気分転換をはかり楽しみながら学習することが、効果的な学びとなっていくのではないでしょうか。

プラス

子どものやる気と
セロトニンの関係

　子どもにやる気が見られない時、脳に「セロトニン」が不足しているのかもしれません。

セロトニンが不足すると

・気分が落ち込む
・意欲や集中力、記憶力が低下する
・睡眠の質が悪化する

セロトニンの分泌を増やすには

・太陽の光を浴びる
・生活リズムを整える
・質のいい睡眠をとる
・適度に運動する
・正しい姿勢を心がける
・深い呼吸をする
・食事は咀嚼を意識する

28

Q 親が学習を見る時間がない

私自身が忙しく、子どもの学習時間をつくる余裕がありません。

A 少しだけ早く起き 10分でも時間をつくっては

　保護者が仕事を持っていたり、ほかにきょうだいがいたりなどで、子どもと一緒に学習をする時間が取れないことがあります。なんとしても時間をつくらなければと、夜遅く、子どもが眠い目をこすりながらでも学習をさせる家庭もあります。でも、子どもの睡眠時間を削ることだけは避けてください。それよりも朝、少しだけ早く起き、10分でも時間をつくって学習したほうがよい効果が得られることも、往々にしてあります。塾に相談し、生活のどの部分で何をしたらよいか、具体的なアドバイスを求めるのもよいでしょう。

　学習は、必ずマンツーマンでやらなければならないわけではありません。「お母さん、忙しいから自分でプリントやっておいてね」と言い、自学自習タイプのものを準備して渡します。そして、洗い物をしながら「どう？」と気にかけるだけでもよいのです。向き合い過ぎると、子どもが負担を感じる場合もあります。少し離れたところから見守ることも大切です。

プラス 子どもが自学自習するための ステップ

子どもが自学自習できるよう支援しましょう。

①　子どもが一人でできるものと保護者と一緒にやるものを分ける

②　子どもが一人でできるものについて、自分で取り組ませる

例：計数、位置の描き写し、点結びなど

③　時間ができた時に、まず保護者がやってみせてやり方を教え、その後の自学自習につなげる

29

Q 子どもが学習を楽しい と感じられるには？

家では、子どもはやる気にならないようです。どうすれば塾 のように楽しくできますか。

A 子どもの喜びに共感したり、 がんばっていることを評価する

　塾では、子どもが学習を楽しいと感じられるよう、授業の 導入を工夫したり、たとえ話をはさんだりしています。それ を家庭で行うことはなかなか難しいでしょう。

　子どもが楽しいと感じることの一つに「心が満たされてい ること」があります。学習そのものの楽しさを伝えることは 難しくても、心が満たされている状態をつくることで、子ど もが「楽しい」と感じる家庭学習は可能です。

　例えば、きょうだいのいる子どもだと、一定の時間、親が 自分だけに向き合ってくれることで、楽しいと感じることが あります。これまでできなかったことが「できた」と感じた 瞬間、その喜びに共感するのもよいでしょう。

　チャレンジしているその意欲を「がんばっているね」と評 価することが大切です。

学習につながる遊びの例

学習につながる遊びと遊び方の一例です。

散歩をしながら季節の花を知る

たんぽぽ、朝顔、チューリップ、ひまわりなど、できるだけ本物の花を見せる。

おやつの時間に、数を学ぶ

クッキーの枚数をかぞえたり、家族に同じ数ずつ分けたりしながら、数を学ぶ。

季節の行事を楽しむ

正月、ひなまつり、七夕など季節の行事を、実際に経験する。

食材に触れる

野菜や果物を見たり、触ったり、匂いをかいだり、切断面を見たりする。

お風呂の中で口頭試問の練習をする

名前や、その日の朝食べたもの、好きな遊びなどを質問し、子どもが答える。

30

Q 保護者が やるべきことは？

受験日が迫ってきました。学習以外に、家庭で保護者がやるべきことは何ですか。

A 家族みんなが落ち着いた生活を 送れるようにする

　子どもの受験が近づくと、保護者の気持ちも不安定になりがちです。子どもは保護者の気持ちに敏感ですから、保護者に余裕がないと、子どもの気持ちも不安定になります。

　ですから、保護者がまずすべきことは十分な睡眠やバランスのとれた食事、適度な運動などで、自身が気持ちを穏やかに保つことです。余裕をもって子どもに接して、家族みんなが落ち着いた生活を送れるようにしてください。子どもにとっては、それが健やかな成長と心身の安定につながり、受験にもよい影響を与えます。

　そして、そのためにも、試験当日に必要なものは早めに揃える、学校までの経路をしっかりと調べる、保護者の面接や作文の準備を早めに着手するなど、試験直前に慌てることのないようにしましょう。

プラス 生活習慣の見直しリスト

　きちんとした生活習慣を身につけ、健やかな生活が送れているか、以下の点を確認しましょう。

・子どもの起きる時間・寝る時間を決めているか（早寝早起きの習慣）
・十分な睡眠が取れているか（10時間程度）
・食事・おやつの時間を決めているか
・食事中、テレビは消しているか
・テレビや動画サイトの時間、見る番組は決めているか
・ゲームの時間は決めているか
・洗面、衣服の着脱、食事、排便など、自分のことは自分でしているか
・子どもが一人でやろうとしている時に、大人が手を出していないか
・何かを我慢する体験をしているか
・子どもとの約束を親が守っているか
・遅刻をしないこと、時間を守ることを心がけているか
・親が手本となり公共のマナーやルールを伝えているか
・友だちとたくさん遊んでいるか
・公園などで外遊びをしているか
・箸や鉛筆を正しく持っているか

保護者自身の
気持ちの安定と子ども対応

保護者自身の気持ちの安定度をチェックするとともに、子どもへの対応を見直してみましょう。

<保護者の心と体の確認>

☐ 体がだるいと感じる

☐ 朝、すっきり起きられない

☐ 「受験に失敗したらどうしよう」などと悲観的になる

☐ 一人になりたいと思う

☐ 些細なことでイライラして子どもを叱ってしまう

☐ 「親失格なのではないか」などと自己嫌悪がある

☐ すぐに涙が出る

☐ 子どもがかわいいと思えない

☐ 配偶者とよくけんかをする

☐ 「受験をやめたい」と思う

チェックの数が多い場合は、信頼できる身内や友だち、あるいは塾や専門家などに相談してみましょう。悩みを言葉にするだけで、少し気持ちが楽になることもあります。

＜保護者の子どもへの対応の確認＞

☐ 子どもが何か言おうとしている時に先まわりして言ったり、子どもの言葉を途中で遮ったりする

☐ 単語だけの会話が多く、親子ともに文末まで言葉にしていない

☐ 命令や指示を出すことが多い

☐ 子どもの話をじっくりと聞けない

☐ 家族の間ではあまり挨拶をしない

☐ 子どもが欲しがる物を何でも買い与えている

☐ 子どもの言いなりになりがち

☐ 子どもが危険な行動を取った時、約束を守らなかった時、人に迷惑をかけた時、うそをついた時でもなかなか叱ることができない

☐ 子どもの前で両親が言い争ったりしている

☐ 子どもに、ほかの子どもと比較するようなことを言うことがある

☐ 友だちとトラブルがあった時、子どもの話を鵜呑みにしてしまう（子どもはこう言っているが、本当はどうなのかと冷静に対処できない）

☐ 子どもの成長段階を無視した、無理な学習をさせている

家庭学習の進め方は？

家庭では、どのようなスケジュールで学習を進めればよいのでしょうか。

5、7、9月を「小さなまとめ学習」の月に

　塾に通っている場合、家庭学習教材として出されたペーパー課題を毎週、こなしていくことが基本になります。おそらく全部はやり切れず、少しずつ残ってしまうと思いますが、気にしないでください。5月、7月、9月にある程度まとまった時間をつくり、それまでの期間にやり残したペーパー課題をまとめてやるようにするといいでしょう。この「小さなまとめ学習」が、最終的な「まとめ学習」を効果的にします。

　塾に通わず、家庭学習だけで取り組んでいる場合、単元別ではない系列的な薄い問題集を用意し、それを5、7、9月の時期に通しでやってみることをおすすめします。大切なのは、わからなかったところや間違えたところをチェックし、テキストなどでもう一度、おさらいをすることです。これが、まとめ学習になります。

　10月頃からもう一度、単元別ではない問題集等を使って、順番にやってみましょう。ここでできない単元を見つけたら、単元別の問題集でフォローします。過去問の取り組み方については、82ページでお伝えします。

効率的な「まとめ学習」の スケジュール

5月

- ・5月の「小さなまとめ学習」として、今まで行った範囲を復習する
- ・塾に通っている場合は、今まで使用したペーパーを順番通り行う
- ・家庭学習中心の場合は、系列化された問題集を順番通り行う

7月

- ・5月の「小さなまとめ学習」の復習をする
- ・7月の「小さなまとめ学習」として5〜7月までに行った範囲を復習する

9月

- ・9月の「小さなまとめ学習」として、7〜9月までに行った範囲を復習する
- ・やり残しの課題があったらできるだけ終える
- ・夏期講座の復習をする

夏休みの学習の進め方

前のページで上げた「5、7、9月」のまとめ学習とは別に、時間の作りやすい「夏休み」の学習の進め方を紹介します。

---

① 夏休みに取り組みたいことを思いつくままピックアップする

例：
・苦手課題を克服する
・夏期講座の授業をフォローする
・過去問における頻出課題に取り組む
・応用問題に取り組む
・未着手課題に取り組む
・第一志望校の過去問に着手する
・名詞、動詞、形容詞の語彙数を増やす
・スピードトレーニングを導入する
・説明能力を高める
・設問を聞く際の「手はおひざ」を徹底する
・お話の記憶課題において CD 使用率を高める
・お話を聞いたものを絵画化する
・実際のものを使って理解を深める
・自学自習できるようにする　など

② ピックアップしたもののうち、やるべきものを決め優先順位をつける

例：

1. スピードトレーニングの導入
2. 過去問における頻出課題をやる
3. 応用問題に取り組む
4. 未着手課題に取り組む
5. 自学自習できるようにする　　など

③ やるべきものをどうこなすか、具体的な計画を立てる

スケジュール例：

8月1日	○○問題集 △△問題集 位置の把握課題を自学自習 お話の記憶	P12〜P18 P21〜P24 10分間 志望校の過去問から 1話、ドリルから1話
8月2日		

32

過去問のやり方は？

過去問は、いつ、どのように取り組めばいいですか。

過去問を通して解くのは 夏休みの後半以降に

どの学校も同じ問題が何度も形を変えながら出されるので、過去問はくり返して取り組むことをおすすめします。

ただし、過去問に取りかかる時期としては、少なくとも学習を始めてから３か月以上経過してからがよいでしょう。販売時期は出版社にもよりますが、夏頃になることが多いようです。

過去問は、最初のページから順番に行うのではなく、学習したことがある単元の課題を拾ってやってみます。年度毎に通して解くのは、夏休みの後半になってからにしましょう。過去問はやりっぱなしにせず、間違えたところはやり直し、理解を深めておくことが大切です。

志望校の過去問が終わったら、ほかの学校の過去問にチャレンジしてもよいでしょう。ただし、傾向が違う学校の過去問は意味がないので、傾向が似ているところを選ぶようにします。判断は難しいので、塾に聞いてみてください。

＋ <small>プラス</small> 過去問のNG

　過去問を見て、頻出課題を選び出し、特定の単元だけを学習させて効率的に合格までもっていこうとする学習方法があります。一見、効率的なようですが、実は非効率的です。全体を系統立てて学習していかないと、子どもは理解できないことが多いからです。

　できているように見えても、それはパターンを覚えているだけで、真の理解にはつながっていません。同じ内容でも出され方が違うと、できなくなってしまいます。

　遠まわりのようでも、全体を系統立てて学習するようにしましょう。

33

模試の活用法は？

模試があると聞きました。模試の活用の仕方や注意点を教えてください。

模試の場で起こったことを振り返り、次に生かす

　模試には、全体の中での子どもの位置を把握する、できたところとできなかったことを見極める、という2つの意味があります。いずれにしても、模試の結果を鵜呑みにしすぎず、改善すべきことは何かを探すのに役立てればいいというくらいの気持ちで取り入れてください。

　その上で、是非行ってほしいのは、模試の場で起こったことの振り返りです。うまくいったことといかなかったことを子どもと一緒に洗い出してみます。例えば、知らない友だちに対してどのようなアプローチをしたのか。反対に、どのようなアプローチをされて、どのような反応をしたのか。同じ幼稚園の友だちに会った時には、どのような言葉をかけて、どんな行動をしたのか。

　振り返ることで、どのような行動をとらなければならないのかを具体的に学ぶ機会にします。

　また、評価コメントで、次にどうしていけばよいのかが明確になります。そのあとの学習に役立ててください。

➕ プラス 模試の上手な受け方

　国立小学校の場合、4月頃から模試が始まります。直前の11月まで、たくさんの会社がたくさんの模試を行っていますが、受け過ぎるのは子どもの負担になるばかりであまり意味がありません。

　理想は、4月頃から2か月に一度程度、合計4、5回。できれば同じ会社の模試を続けて受けましょう。評価のばらつきがないのでおすすめです。

　経験値を上げるために、ときに他社の模試を受けるのも悪くありません。

34

子どもへの声かけの注意点は?

国立小学校受験に向けて、日頃から子どもにどのような声かけを意識したらよいですか。

A 自分で考えて、次の行動をとれるような声かけを

　大切なのは、何ごとも保護者が先まわりして声をかけすぎないこと。そして、次はあれをして、これをして、という指示ではなく、子どもが自分で考えて次の行動をとれるような声かけを心がけることです。例えば、おもちゃで遊び終わった時、「片付けなさい」ではなく、「楽しかったね。終わったら、おもちゃはどうするのかな?」と聞いてみるといったことです。

　受験の会場で、子どもは一人です。保護者がそばについて、あれこれ指示を出すことはできません。子どもが自分で考え、行動できるようにするためには、日頃から自分で判断する習慣をつけていく必要があります。

　もう一つ、子どもがうまくできたことではなく、チャレンジしたことをほめるようにしましょう。ミスを怖がらず、たとえミスをしても気持ちを切り替えられるような声かけを意識します。授業や講習会、模試が終わって出てきた時、「できた?」ではなく、「ナイストライ!」と笑顔で抱きしめてください。

プラス 子どもへの声かけで大切なこと

　子どもが自己肯定感をもち、前向きに学習に向かえるような声かけのコツです。

子どもの言葉を頭ごなしに否定しない

「できた」結果ではなく、「やろうとした」過程を認める

子どもに指示をする時は、「なぜそうするのか」理由と目的を伝える

ミスは叱らない。ミスのあと「ではどうするか」を考えさせる

叱るべき時は、叱る。時には厳しさも必要

35

電子機器の使わせ方は？

子どもにタブレットなどの電子機器を使わせる場合、何に注意したらよいでしょうか。

家庭内でルールを決めてから使わせる

いまはタブレット学習なども普及しており、コロナ禍の登園自粛中にはZoom等を利用したオンライン保育が行われるなど、子どもと電子機器の距離はますます縮まりつつあります。一切、電子機器を使わせないということは、もはや現実的ではないでしょう。

電子機器には、メリットもデメリットもあります。まずは家庭内で話し合い、使う上でのルールを決めることを出発点にしてください。学習だけに使う、ゲームなどの遊びにも使っていいが時間を決める、保護者がいるところでしか使わないなど、家庭ごとの判断でよいでしょう。

避けてほしいのは、子どもに学習をさせながら、保護者がスマートフォンに気を取られていることです。電子機器の使い方として、メリハリをつけるということを子どもに伝えるためにも、まずは保護者がその姿勢を示していきましょう。

＋ プラス タブレット学習で気をつけるべきこと

　保護者が学習を見る時間がない時などに、子どもが一人でも取り組みやすいタブレット学習は有効です。一方で、タブレット学習だけに頼ると、次のような影響があります。

運筆能力が育ちにくい

　タブレットで使用するペンは、軽く持っても書くことができる。本番の試験では紙に鉛筆や色鉛筆、プラスチック色鉛筆などで書くことになるため、筆圧が弱すぎてうまく書けない可能性がある。

よく考えて書く力が育ちにくい

　間違えてチェックしても一瞬で消せるため、よく考えないで書くようになる。

修正の仕方が身につかない

　間違えた時に修正する方法がわからず、試験本番で戸惑う場合がある。試験では、ほとんどの学校で、×印をつけたり、二重線を引いたりなどで修正するよう指示される。

36

子どもが学習を理解できない時は？

子どもが問題を理解できません。何度説明してもわからないようです。

時間をあけるか難易度を下げてみる

いったん課題に取り組むのをやめてみましょう。わからないまま学習を続けても嫌になるだけです。1か月くらい経ってからまたやってみると、今度はすんなり理解できたりします。子どもの場合、脳の発達の仕組みから、その時はわからなくても時期が来るとすっと理解できることがあります。

課題によっては、難易度を下げてみるのもよいでしょう。例えば、お話の内容理解であれば、短いお話を選んでやってみます。「できた」という自信をつけてから難しい問題に取り組むと、すんなりできることもあります。

なお、スランプを防ぐためにも、定期的に休むことは有効です。1週間に1日は休む、春休みや夏休みなどは、3日続けて学習したら1日休むなど、あらかじめ計画を立てておきましょう。心身ともにリフレッシュされ、次の日から気分も新たに学習できます。

保護者に求められる心構え

　子どもが学習を理解できない時、保護者はどんな心構えでいたらよいでしょうか。

「子どもが理解できない」という事実を理解する

　理解できないこと自体を責めても、問題は解決しない。理解できない発達段階であることをふまえて対応することが大切。

休むことを恐れない

　脳を効率的に働かせるには、ときどき脳を休ませる必要があることを知る。

理解するための語彙を増やす

　問われている言葉の意味がわからず、問題に答えられない場合もあることを知る。例えば、「一人ぶんは何個ですか」の「ぶん」がわからないなど。

子どもから笑顔が消えたら、
それは学習の量やペース、
難易度を見直すサインです。

PART 4

願書の準備〜
小学校入学までの
Q&A

37

願書の入手方法や注意点は?

願書はどこで手に入りますか? 願書を提出するにあたって注意すべきことはありますか。

ホームページを必ずチェック。
内容をしっかり読み込むことが大切

　国立小学校の場合、学校ごとに願書の配布時期も方法も違います。正確な情報が早く載るのが、学校のホームページなので、こまめにチェックしてください。

　願書はできるだけ早く入手し、必ずコピーをとって内容をしっかり読み込みます。まずは、「願書提出日」と「願書提出方法」を確認し、願書提出にあたって必要なもの（入学検定料納入済票、住民票、写真、調査票など）を用意します。直前になって慌てないよう、早めに動きましょう。

　願書を提出する方法も、学校によって「郵送」や「直接持参」などと違いがあります。

　直接持参の場合は、必ず保護者が行くようにします。万が一、記載もれがあった時に、保護者であればその場で修正することが認められているからです。印鑑が必要になることもあるので、必ず持っていきましょう。

願書見本

プラス

願書の記入項目も学校によって異なります。書き方の注意点については、次のページを参考にしてください。

38

願書の書き方は？

願書はどのように書けばよいでしょうか。気をつけるべきことはありますか。

基本例があれば参考に。下書きをしてから清書を

　学校によって願書のスタイルが違うので、ここで一つひとつ説明することはできませんが、筆記用具の指定や書き方の基本例が示されている場合は、それに従って記入します。基本例が載っていない場合は、「志願者氏名」「生年月日」「現住所」は住民票と同様に書きます。記載する電話番号は、補欠合格の連絡の際に必要となるので、つながりやすいものにしておきましょう。

　国立小学校の願書は「2部取り寄せ不可」なので、まずはコピーをとったものに下書きしてから清書をしましょう。楷書で、ていねいに読みやすく書くことが大切です。間違えても慌てず、指定の修正方法通りに直します。

　そして、記入したものは必ずコピーをとっておきましょう。

プラス

願書の下書きの段階で
確認すべき点

　下書きをしたあと清書の前に、以下の点をチェックしましょう。

- 書き方例の通りに書けているか

- 「志願者氏名」「生年月日」「現住所」は住民票と同じか

- 楷書で書いているか

- 「フリガナ」か「ふりがな」が正しく書けているか

- 電話番号は合っているか

- 誤字、脱字はないか

- 使用する筆記用具が、にじんだり、しみたりしないか

- 書いた人以外にもチェックしてもらったか

39

志望動機の書き方は？

志望動機の書き方に迷います。どのようなスタンスで書けばよいか教えてください。

国立小学校の理念や教育方針をよく理解して書く

　国立小学校への理解と賛同を第一に考えて記入します。それには、ホームページをよく読み込み、開催されているなら学校説明会に参加し、その学校の理念や教育方針をよく知ることが大切です。

　逆に、進学校としての期待は記入しないほうがよいでしょう。国立小学校は、自らを進学校として位置付けていないからです。

　子どものことを書く時には、マイナスの印象を与える言葉はできるだけ使わないようにします。「引っ込み思案」ではなく、「まわりの状況をよく見ている」などのように、プラスの表現をしてみましょう。あるいは、「引っ込み思案だったけれども、生活発表会の劇を通して人前で表現することの楽しさを知り、発言できるようになりました」などと成長を伝えるような書き方もよいと思います。

プラス

志望動機の書き方のポイント

志望動機の書き方のポイントをあげます。

誤字、脱字に気をつける

読みやすい字で書く

その学校や国立小学校に対する理解があることを伝える

「御校の理念に賛同し…」などのような抽象的な書き方ではなく、「何に」「どこに」のようなその学校に対する具体的な文言が入るようにする。

3つの「意」を伝える

教育方針に対する賛同の意、行事やPTA活動などに対する協力の意、ぜひ入学したいという熱意を伝える。

40

願書に貼る写真の撮影の注意点は？

願書に貼る写真は、受験専門の写真館で撮るべきですか。また、撮る時の注意点はありますか。

受験用の写真に慣れている写真館だと安心

　必ずしも専門の写真館で撮る必要はありませんが、迷うようであれば、受験用の写真を多く手がけている写真館にお願いすればよいでしょう。というのも、受験用の写真撮影に慣れていると、撮られる側としていろいろ説明せずに済み、サイズや色、背景のほか、表情や髪型などについてのアドバイスも受けられるからです。

　撮影時の注意点としては、できるだけ試験当日と同じ服装、髪型にすること。試験で眼鏡を着用する場合は、眼鏡をかけたまま撮るようにします。そのほうが、試験の際の本人確認がスムーズになります。

　「試験日の一か月前以内に撮影したもの」などと指定されている場合もあるので、撮影日には気をつけましょう。

　なお、国立小学校の場合、願書の写真は本人確認が主な目的なので、写真で合否が決まることはないと思われます。

願書用写真
撮影のポイント

プラス

撮影の際の注意点をあげます。服装や髪型のほかにも、精神面・体調面でのコンディションを整え、できるだけリラックスした雰囲気で撮影に臨めるようにすることも大切です。

試験とできるだけ同じ服装、髪型にする

前髪が目にかからないようにする

男児は、耳を出しておく

女児は、後れ毛をワックスやクリームなどで押さえる（顔のラインがきれいに見えるようにする）

Q 試験前日の過ごし方は？

試験前日はどのように過ごせばよいでしょうか。勉強をさせた
ほうがよいですか。

A 早寝早起きの生活習慣を崩さず、リラックスして過ごす

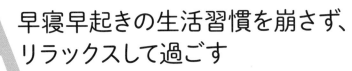

　試験前日は、とにかくリラックスして過ごしてください。
中には前日に、総復習として講習会を開く塾もありますが、
個人的にはおすすめしません。疲れが残ってしまうのと、こ
の時点で、学習の穴や抜けを発見しても不安になるだけだか
らです。

　気持ちを穏やかに保つためにも、とくに変わったことはせ
ず、いつも通りの生活を心がけます。勉強をするにしても、
毎日やっているのと同じ時間に、同じことをやるのがよいで
しょう。

　心身の健康や脳の働きを活性化させるためにも、早寝早起
きの生活習慣は大切です。試験を控えたこの時期にはすでに
朝型の生活に切り替わっているはずです。試験で実力を発揮
するためにも前日、夜遅くまで勉強をすることだけは絶対に
しないでください。

＋プラス　試験前日のチェックリスト

　試験の前日に確認しておくべきことです。チェックしましょう。

- 試験当日の服は、子ども、保護者とも揃えてあるか

- 持ち物は用意してあるか

- 受験票は用意してあるか

- 行き方や電車の時間は調べてあるか

- 体調はどうか

- 天候を確認したか（悪天候の場合は、交通手段を検討する）

42

試験当日の朝ごはんは どんなものがいい?

試験当日の朝ごはんは、どんなものを食べさせたらよいですか。

栄養バランスのとれた 和食がおすすめ

　いつも通りでよいと申し上げたいところですが、国立小学校の受験では、かなりの確率で朝ごはんに何を食べてきたかを聞かれます。聞かれて困らないよう1週間前から当日までは、答えやすい朝ごはんを食べるように心掛けてください。食べ慣れているもののほうがよいので、ふだんから朝の食卓をきちんと整えていきましょう。

　食育に力を入れている学校も多いので、できれば和食がよいでしょう。おにぎりと味噌汁、ごはんと納豆と味噌汁などシンプルなメニューで構いません。温かい汁物などがあると、体が温まり、風邪予防にもなります。

　ちなみに、栄養学的な面からも和食はおすすめです。個人的には、朝ごはんに菓子パンを食べるのはよくないと思っています。朝ごはんの質は、子どもの脳の成長に直結すると感じています。子どもの能力を伸ばすためにも、栄養バランスのとれた朝ごはんを意識してください。

試験1週間前から当日までの 朝ごはんの例

　朝ごはんは、簡単なメニューで構いません。以下、抑えるべきポイントと、献立例です。

　洋食より和食

　子どもが何を食べてきたか答えやすいシンプルな献立

〈献立例〉

おにぎり、味噌汁

ごはん、納豆、味噌汁

ごはん、目玉焼きと野菜、味噌汁

43

Q 試験当日の服装

試験当日は、どんな服装がよいですか。

A 白と紺の「お受験ルック」が無難

　試験では、「くま歩き」やしゃがんだりする場面もあるので、服装は動きやすさを重視します。とくに個性を出そうと考えすぎることなく、白いポロシャツやブラウスに、紺系統の半ズボンやキュロットスカートなどがよいでしょう。半袖でも長袖でもよく、ベストなどを重ねることも多いようです。

　寒い時期ですので、行き帰りの服装については防寒対策をしっかりすることをおすすめします。試験会場では、上着を脱いで保護者に預けることになりますが、いったん中に入ると、服の脱ぎ着はできません。温度調節ができないことをふまえた上で服装を考えましょう。

　髪型は、清潔感が感じられるように男児は短めに整えます。女児で髪が長い場合はきちんと結います。表情がよく見えるよう、髪が顔にかからないようにすることも大切です。後れ毛が出たり、ヘアピンがとれたりしないように、必要に応じてヘアスプレーで固めるなど工夫してください。

試験当日の服装例

とくに個性を出す必要はありません。一般的な服装の例を紹介します。何度か着用し、着慣れておくこと、タグや襟などが首に当たってチクチクするなどの不都合がないようにチェックしておきましょう。

白い襟付きのシャツ
⇒ 当日の気温に合わせ、半袖でも長袖でもよい

紺やグレーなど落ち着いた色

サイズが合っているもの
⇒ 子どもの成長は早いので、直前にサイズを確認する

Q 試験当日の持ち物

試験当日に持っていったほうがいいものは何ですか。

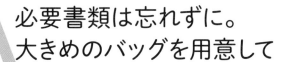

A 必要書類は忘れずに。大きめのバッグを用意して

　一番大切なものは、受験票などの必要書類です。これがないと試験を受けることができません。また、上履きなど、試験を受ける上で学校が指定したものも忘れないようにしてください。

　国立小学校の場合、試験時間中、子どもの靴や上着などはすべて保護者が持つことになります。手持ちのバッグのほかに大きめのバッグを用意しておくとよいでしょう。

　そのほか、寒い時用の防寒着や雨の日は着替え（靴下や下着など）なども持っていくことをおすすめします。女児は髪留めやゴムなども予備があると安心です。

　待機時間に飽きてしまわないように、静かに遊べる折り紙やあやとり、絵本なども用意しておきましょう。

➕ プラス 試験当日の持ち物

　学校によって必要なものは変わります。以下は参考例です。

- 受験票などの必要書類

- 大きめのバッグ
  子どもの靴や服などを入れる

- 安全ピン
  ゼッケンがダブついた時などに利用

- のり
  調査書の写真などが取れかかった時などに対応

- 防寒着

- 上履き（保護者、子ども）
  保護者はスリッパでもよい

- 着替え
  雨の日はとくに必要

- セロテープ

- 筆記用具
  アンケートを記入する際の下書きなど

- 靴を入れる袋

- 折り紙、あやとり、絵本など

- 長靴
  雨の日は長靴で行くことをおすすめ

- ハンカチ、ティッシュ

- 水分、飴

- 絆創膏

- 緊急の際の薬

- 願書や学校案内のコピー

- 印鑑、朱肉

45

けがや体調不良への対応は？

けがをしたり体調を崩したりして受験に支障がでそうな時は、どうしたらよいでしょうか。

A 体調による個別対応はない。とにかく体調管理に気を配る

　国立小学校の場合、試験当日の体調不良やけがなどに、個別に対応してくれることはありません。当日の電話連絡なども受け付けていません。

　とくにインフルエンザや新型コロナなどの感染症の場合は、試験を受けることもできません。1年間準備してきても、試験を受けられなければどうにもならないので、とにかくこの時期は、体調管理に気をつけることが大切です。毎日、体温を計り、早寝早起きを心がけ、人混みには出かけないようにするなど、注意して過ごしましょう。

　骨折などのけがは、とくに学校側からの配慮は望めませんが、念のため、当日、受付に申し出ておきます。「くま歩き」などに支障がある場合、子ども本人が「骨折しているのでできませんが、どうしたらよいですか」と言えるようにしておきましょう。

episode

　試験会場で、口頭試問の待機時間に腹痛を起こした子どもがいました。試験官に向かって手を上げ、「おなかが痛いので、トイレに行っていいですか」と言い、トイレに行ったそうです。その態度が認められてか、その子は合格しました。

　とはいえ、基本的には試験の最中にはトイレに行かないほうがよいのです。受付の前や試験が始まる前など、トイレに行くチャンスは数回、あります。少しでも行きたい気持ちがあるなら、そのチャンスに必ず行っておくことを子どもにしっかり伝えておきましょう。

46

Q 受験会場で
知り合いに会ったら?

受験会場で、幼稚園や塾の友だちに会った時、どのように対応すべきでしょうか。

A おしゃべりをしないよう
子どもに言い聞かせておく

　一番心配なのは、知り合いに会って子どもがうれしくなり、ふざけたりおしゃべりをしたりすることです。受験可能な地域が決まっている国立小学校受験の場合、知り合いに会う確率が高くなります。

　子どもが、知り合いに会ったら興奮して態度が崩れてしまう可能性が高いと思われる場合には、「お友だちに会っても、ふざけたりおしゃべりをしたりしてはいけない」とあらかじめ言い聞かせておきましょう。塾では、9月頃から子ども同士、教室ではおしゃべりをせず、挨拶だけをする練習をしていきます。

プラス　受験番号は早いほうがよい？

　受付順で受験番号が決まる学校の場合、願書を出すために、朝早くから並ぶ人の話を聞くことがあります。願書の受付時間内であれば、早くても遅くても構わないはずですが、なぜ早くから並ぶのかという質問を受けることがよくあります。

　実際には、受験番号が早いほうが有利だということはありません。何番であっても、試験は公平に行われます。ただし、朝早くから並ぶ家庭は受験に熱心であることが多く、子どももそれなりの準備をしてきているということは言えます。

　国立小学校の場合、準備をせずに思いつきで受験する子どももいます。それが悪いわけではありませんが、試験の雰囲気ややり方に慣れていない子どもは、ほかの子とは違ったふるまい（ふざけたり、けんかをしかけたりなど）をすることがあります。そばにそういったふるまいをする子どもがいると、巻き込まれる可能性があります。

　朝早く並ぶことで、そのリスクを減らすことができるということは言えるでしょう。

47

試験会場まで行く際に 気をつけることは？

試験会場まで、バスと電車を乗り継いで行きます。気をつけることはありますか。

A 公共の交通機関を利用し、 複数のプランを用意

　試験会場まで、徒歩以外では、公共の交通機関を利用するのが原則です。願書にもその旨が記されているはずです。まずは、それをしっかり守りましょう。

　国立小学校受験の場合、理由を問わず、遅刻をすると試験を受けさせてもらえません。余裕をもって受付時間内に着けるよう、あらかじめバスや電車の時間を調べておくほか、万が一、列車事故などでその交通機関が使えない場合に備えたプランも考えておきます。

　かなり時間の余裕をみておく必要があるので、試験会場の近くで待機できる場所（喫茶店など）があるかどうかなども調べておくとよいでしょう。

　ちなみに、大人が一人で行くのと、子どもと一緒に歩くのとでは、時間のかかり具合が違います。ラッシュ時だと運行が乱れがちです。少なくとも一度は、試験当日の受付時間に合わせ、子どもと一緒に、同じ時間の電車に乗ってみることをおすすめします。

子どもと一緒に
学校まで行ってみる

　合格すれば子どもはその道のりを6年間、通うわけです。その視点で通学や受験を考えてみることも大切です。実際の登下校の時間に合わせ、子どもと一緒に学校まで行って、以下の点を確認しましょう。

ドア・ツー・ドアでどのくらいかかるか

電車やバスの頻度はどうか

電車やバスの混み具合はどうか

電車で空いている車両はあるか

子どもの体力で無理はないか

48

Q 試験に送り出す時の声かけは？

試験会場に送り出す時、どのような声をかけたらよいでしょうか。

A 「楽しんでおいで」と声をかけて

試験というものが試される場ではなく、自分の素敵なところをおひろめする場だというイメージをもって試験にのぞめるような声をかけてあげてください。

「中にいる先生はあなたが来るのを楽しみにしていて、あなたがどんなことをお話ししてくれるのかを聞きたがっている」ということを伝え、「本当はお母さんも一緒に行きたいけれど、大人は中まで行かれないの。十分に楽しんできてね。あなたの素敵なところを先生に見せてあげてね」と送り出しましょう。

避けたいのは、口頭試問や面接等で、子どもが無言になってしまうことです。ペーパー課題や運動、製作課題でミスをして、受かった子どもはたくさんいます。しかし、口頭試問や面接等で、試験官に質問されても黙ったままでいて受かった子どもは、私の知る限りこれまでに一人もいません。緊張しすぎないよう、明るい声と笑顔で送り出しましょう。

プラス 受験の意味をどう伝えるか

　子どもに受験の意味を伝える方法は３通りあります。子どもの成長段階や性格によって選びましょう。

ストレートに理由を伝える

試験に合格不合格があることを伝える。試験に合格するために塾で勉強していることを伝える。

【言葉がけの例】
　「小学校には、家の近くにある公立と、私立と、国立と３つの種類があるんだよ。お父さんとお母さんはあなたに国立という素敵な小学校に行ってほしいと思っているよ。そこに行くためには試験があるから、それに合格するために今、塾で勉強をしているんだよ」

いちばんぴったりな小学校を選んでいると伝える

ぴったりな学校を選ぶために勉強していることを伝えましょう。

【言葉がけの例】
　「お父さんとお母さんは、あなたに素敵な小学生になってほしいと思っているんだよ。小学生になるためには試験というものがあって、そのために今、塾で勉強しているよ。あなたにぴったりの小学校から『ぜひ来てください』という手紙が必ず届くので、安心してがんばろうね」

まったく知らせず、模試に行くような雰囲気で試験を受ける

49

試験終了後の子どもへの接し方は？

試験を終えて、試験会場から出てきた子どもに、何と声をかけたらよいでしょうか。その後、合格発表までの過ごし方で注意すべきことはありますか。

「がんばったね」と笑顔で迎えて

まずは「がんばったね！」と、笑顔で抱きしめてあげてください。人生で初の経験です。子どもが「楽しかった」と思えるような声をかけましょう。「できたの？　できなかったの？」などと聞きたくなる気持ちはわかりますが、いきなり問い詰めないようにしてください。

ひと呼吸おいてから、「試験では、どんな楽しいことがあったの？」「先生と、どんなお話をしたの？」と穏やかに聞き、フィードバックを行いましょう。

大切なのは、子どもがミスをしても気軽に話せる雰囲気をつくっておくことです。実際、ミスは必ず起こります。そして、ミスをしていても受かる子どもはたくさんいます。子どもがミスしたことを伝えた時は、過度に落胆したり、目くじらを立てたりせず、「そんなこともあるよね」と受け止めてあげてください。

➕ プラス 塾のヒアリングの要請に 応えるか

　塾に通っている場合、試験が終わったらその足で塾に
寄り、その日の試験内容を伝えてほしいと言われること
があります。過去問を作るためにも、後ろの日程で試験
を受ける人のためにも必要な情報だからです。気持ちや
体力に余裕があれば、協力するのもよいでしょう。しか
し、無理をする必要はありません。子どもは初めての経
験で疲れていますし、そもそも保護者やほかの子どもも
いる前で、試験の出来について答えさせるのは残酷です。
中には、ホームページや受験後の校内放送などで、塾に
報告に行くことをはっきりと禁じている学校があります。
　常識的ではない依頼には応えなくてもよい一方で、試
験をがんばった子どもや保護者の総括として、塾に報告
に行くのはいいことかもしれません。

50

Q 試験終了から小学校入学までの過ごし方は？

　試験が終わりました。ここから先、小学校入学まで、どのように過ごしたらよいでしょうか。

A せっかくの学習習慣を崩さず、就学前準備として学習を継続

　試験の準備を進める中で身につけてきた学習習慣を崩してしまうのは、もったいないことです。合否にかかわらず、試験後は就学前準備として、学習を継続することをおすすめします。

　学習の内容については、「聞く」と「話す」に重きが置かれた受験と異なり、小学校以降の学習では「読む」と「書く」が中心になります。そこで、ひらがなの練習から始め、簡単な文章を書いたり読んだりができるようにしておくと安心です。

　また、国立小学校では体育に力を入れている場合が多く見られます。学校によっては、何キロも走ったり泳いだりなどの授業があります。そのため、受験終了後、スイミングスクールに通い始める子どもも多いようです。電車通学も体力を使うので、入学までの間に体力づくりに力を入れておくとよいでしょう。

➕ プラス 不合格だった時の 心の保ち方と対応

　小学校受験では学習以外の部分が問われることも多く、不合格になると、子育てや自分自身を否定されたような気持ちになる保護者の方も少なくないようです。でも、合否はたまたまの縁や運で決まることが多く、そもそも国立小学校の倍率は高くて、首都圏の場合は 10 ～ 30 倍にもなります。つまり、合格できないことのほうが圧倒的に多いのです。

　大切なのは、もし不合格だったとしても、子どもには「公立小学校から、招待状が来たよ」「入学する学校は、あなたにいちばんぴったりな学校だと思っているよ」と、前向きに伝えることです。

　そのためにも、受験の前から公立の小学校を貶めるようなことを言ってはいけません。どこの小学校も素敵なのです。結果的に通うことになった小学校の良いところを積極的に探し、小学校入学を親子で楽しみに待ちましょう。

子どもの表情こそが
お父さん、お母さんの
「評価表」です。

PART 5

受験準備
5ステップ

〔STEP 1〕

300 〜 200 日前まで（1〜3月頃）

国立小学校の受験内容を知る

24 ページ
参照

・どんな課題が出るのか
・いつ、どのようにして試験が行われるのか
・保護者課題があるかどうか

国立小学校を
ホームページと書籍から探る

12・14・
16・18・
30 ページ
参照

・受験可能地域かどうか
・通学経路はどうか
・学費はどのくらいか
・その先の進学（中学校・高校）はどうか
・公立小学校・私立小学校との違いは何か
・国立小学校の特徴は何か
・試験に抽選があるかどうか

受験スタイルを検討する

16 ページ
参照

・国立小だけを受ける「単願」
・国立小と私立小を両方受ける「併願」

どちらのスタイルにするか決める

合格に向けての方法を探る

40 ページ
参照

・家庭学習だけで準備する
・家庭学習で準備しながら単発で塾の講習会を利用
　する
・塾のレギュラークラスに通う

どの方法にするか考える

(塾に通う場合) 受験スタイルや
子どもに合う塾を探す

42 ページ
参照

・通える範囲の塾を調べ、説明会や体験授業に参加
　する

【試験で求められる課題】を確認する

24 ページ参照

巻末資料
試験で求められる課題
（140 ～ 148 ページ）

・ペーパー
・製作
・運動
・行動観察
・口頭試問
・常識

それぞれの課題がどういうものなのかを知り、いつから、どのように取り組むか、対策を立てる

本番時に必要となる課題を確認する

巻末資料
保護者面接でよく問われる質問
（138 ページ）

保護者作文でよく出される課題
（139 ページ）

・【保護者面接でよく問われる質問】
・【保護者作文でよく出される課題】

それぞれについて、どのようなものなのか知る

【試験で求められる所作】を確認する

巻末資料
試験で求められる所作
(146～148ページ)

- お話
- 生活
- 手先、指先
- 運動
- 挨拶
- 返事
- 姿勢
- その他

> できていること、できていないことを知り、できていないことに取り組む

現時点での子どもの学力を確認する

巻末資料
学力チェックリスト
(149~150ページ)

- 基本的な学力が身についているか、【学力チェックリスト】に従ってチェック
- 国立小学校に特化した模試を受ける

> リストでできていないことを把握し、今後の学習計画を立てる

STEP 2

200 〜 100 日前まで（4〜6月頃）

志望校を検討する

28ページ参照

・それぞれの学校の特徴はどうか
・受験スタイルはどうするのか
（国立小を1校だけ受ける「単願」、国立小を複数
校受ける「併願」、国立小と私立小の両方を受け
る「併願」）

最終的な志望校を決める

志望校のホームページで
基本情報を知る

30ページ参照

・隅々までよく読み込む
・説明会日時、募集児童数、試験日、願書配布日、願
書出願日、願書出願方法、考査課題、合格発表日
を確認し、スケジュール帳などに記入する

受験までの流れを押さえる

志望校の過去問を購入し、分析する

・どのような課題があるか
・時間や形式はどうか
※最新版の過去問の発売は6〜8月頃

課題の傾向を知り、学習計画を立てる

夏期講座を検討する

・夏期講座の情報を集める
・それぞれの講座の内容を確認し、必要かどうか考える

どの塾の何の講座を受講するか決めて申し込む

国立小に特化した模試を受ける

・その後、2か月に1度くらいのペースで模試を受け、推移を確認する

【試験で求められる課題】の 進捗状況を確認する

巻末資料
試験で求められる課題
(140~145 ページ)

・ペーパー
・製作
・運動
・行動観察
・口頭試問
・常識
・記憶

それぞれの課題について「すでに取り組んでいるもの」「取り組んでいないもの」に分け、取り組んでいないものについては、いつから取り組むのかを決める

【試験で求められる所作】の 進捗状況を確認する

巻末資料
試験で求められる所作
(146～148 ページ)

・お話
・生活
・手先、指先
・運動
・その他

それぞれの課題について「すでに取り組んでいるもの」「取り組んでいないもの」に分け、取り組んでいないものについては、いつから取り組むのかを決める

[STEP 3]

100 ～ 50 日前まで（7、8月頃）

夏の過ごし方を決める

80 ページ
参照

・幼稚園、保育園の夏休み期間を確認する
・夏をどう過ごすか、全体的な目標を立てる
・ペーパー、製作、運動、行動観察、口頭試問、それ
　ぞれの課題ごとの夏の目標を決め、やるべきことの
　リストを作る

1 ～ 6 月分の
まとめの学習を行う

・苦手課題、未着手課題をリストアップする
・1 ～ 6 月までの学習でやり残したペーパーに取り組
　む
・やり残したペーパーがなかったり、塾に行っていな
　い場合は、全体を網羅した薄い問題集に取り組む

夏期講座を受ける

・その日の授業の内容を確認し、フォローする
・できなかったもの、苦手なものなどを見つける

9月以降にすべきことを
リストアップする

78 ページ
参照

・1月～6月まで及び夏期講座のやり残したペーパーのピックアップ
・苦手課題、未着手課題→今一度確認
・志望校別の課題のリストアップ
・過去問における頻出課題の（着手・未着手）の判定
・前出のチェックリストと過去問の対比

【試験で求められる課題】【試験で求められる所作】を見直す

巻末資料
試験で求められる課題
（140～145ページ）

・身についているものをマーカーで消す
・身についていないものを見つける

「9月以降にすべきこと」のリストを作る

巻末資料
試験で求められる所作
（146～148ページ）

STEP 4

50 〜 10 日前まで（9、10 月頃）

心と体のコンディションを整える

74 ページ参照

・食事は 3 食、栄養のあるものを食べる
・早寝早起きをする
・1 日の中で必ず体を動かす時間を作る

改めて、規則正しい生活習慣を意識する

過去問に取り組む

82 ページ参照

・過去問を通してやってみる
・ペーパーだけでなく、製作などの過去問もやってみる

できるもの、できないものを確認する

過去問を分析する

・志望校の過去問を分析し、よく出る課題を見つける

頻出課題をリストアップする

「9月以降にすべきこと」の リストを再編成する

・8月に作成した「9月以降にすべきこと」のリストのうち、できているものをマーカーで消し、できなかったものを洗い出す
・できなかったものの中から、頻出課題をリストアップし、何回もくり返し取り組む

【試験で求められる所作】を最終確認する

巻末資料
試験で求められる所作
（146～148ページ）

・講習会や模試や教室の先生からの視点、保護者の視点、子どもの視点で、できているかどうか評価する

> がんばった点を認め、これからがんばりたい点を明確にする

受験日程を一覧表にする

・学校から出されたタイムスケジュール、募集要項、学校案内、ホームページを参考にする

学力の最終確認に入る

・学力のもれがないか確認する

> できなかったところをピックアップし、できるまでくり返す

STEP 5

10〜1日前まで

チェックリストを離れた まとめの学習をする

・全課題、全分野の課題を最初から通してやってみる

> あくまでもサラリと短時間で、リズミカルに行う

・できなかったもの、苦手意識があるものは助け舟を
　出し、苦手意識をもたせないようにする
・過去問を時間をはかってやってみる

受験日の交通機関、 経路の確認

114ページ 参照

・交通機関、経路を調べる
・ドア・ツー・ドアで何分かかるか確認する
・実際に同じ時間に行ってみる
・交通トラブルがあった場合のプランも考えておく

試験内容一覧

国立小学校の選考試験に出される課題と内容などをまとめました。Part 1 〜 5 の補足資料としてもご活用ください。

保護者面接でよく問われる質問

保護者面接で問われることの多い質問と、
回答のポイントを紹介します。

小学校に進学するにあたり、何か心配なことはありますか？	心配な点をいくつかあげるとしても、必ず「進学を楽しみにしていること」「心配はあるが、きっとそれを乗り越えて成長してくれること」といったプラス面に転じるように答える
幼稚園（保育園）での様子を教えてください	ありのままで構わないが、事実を事実として伝えるよりも、エピソードを交えたほうが、伝わりやすいことがある
お子さまの長所と短所を教えてください	長所に関してはそのまま伝える。短所に関しては、改善すべく努力していること、それが成果に結びついたことなどの事例をあげる
お仕事についてお話しください	仕事の内容に関しての説明は長くなりすぎないようにする。それよりも、職場の理解があること、時間の融通が利き、行事等に積極的に参加できる状況であることを伝える
学校の行事に参加することは可能ですか？	「参加できます」と肯定することはもちろんだが、積極的に参加したい旨が伝わる内容、参加することが楽しみで、我が子の成長にもつながると考えてこの学校を選んだ旨が伝えられるようにする

保護者作文でよく出される課題

保護者作文で出されることの多いテーマと、
書き方の注意点を紹介します。

本校は研究校ですが、そのマイナス面を書いてください。それに対する保護者の考えも書いてください	マイナス面と思われることであっても、我が家に関しては、それがマイナス面であるようには感じていない。むしろ、そのようなことに賛同し、協力できることに喜びを感じるという方向性で書く
教育実験校としての使命があると知った上で、なぜ本校を志望したのですか？	その使命に賛同し、協力したいという方向性で書く
6年間で2回役員がまわってきます。学校行事にご協力いただき来校も多くなります。お仕事をしていても同様です。それについてはどのようにお考えですか？具体的にお書きください	協力することに意義を感じている。積極的な学校行事への協力こそが、私たち親子にとっての成長の一助になるはずという方向性で書く
考査に向けてどのような準備をしてきましたか？	「教室に通いながら準備を進めました」や「家庭学習の中で問題集を中心に行ってきました」はNG。あくまでも園での生活や、普段の生活を大事にしていく中で、たくさんのことを経験を通して学んだ旨を書く

試験で求められる課題

試験の課題の主な項目を紹介します。

■ペーパー・言語

- ・お話の記憶
- ・名詞課題
- ・動詞課題
- ・形容詞課題
- ・オノマトペ課題
- ・お話づくり
- ・お話の系列化
- ・しりとり　　　など

■ペーパー・数

- ・計数
- ・合併・増加
- ・求差・求算
- ・数の構成と分割
- ・掛け算課題（1当たり量といくつぶん）
- ・割り算課題（等分除と包含除）
- ・数の系列化
- ・数の記憶
- ・単位の考え方　　　など

■ペーパー・形
- ・平面図形の特徴・構成・分割
- ・立体図形の特徴・構成・分割・展開
- ・同図・同絵・同模様の発見
- ・形や模様の模写
- ・図形や模様の重なり
- ・図形や模様の回転
- ・線対称の力を必要とした形・模様課題　　など

■ペーパー・位置
- ・方眼を使った位置の把握課題
- ・点を結ぶ課題
- ・欠所補完課題
- ・位置の移動課題
- ・置き換え、変身課題　　など

■ペーパー・推理・知覚
- ・方向知覚
- ・鏡を使った線対称課題
- ・回転するものに対する推理課題
- ・法則性発見課題（系列・増減・変化）　　など

■ペーパー・比較
- ・大小比較
- ・長短比較
- ・多少比較
- ・重軽比較　　など

■ペーパー・常識

- ・季節
- ・マナー・ルール
- ・昔話
- ・生き物
- ・草花・野菜・果物
- ・自然・科学
- ・ものの名称・分類　　など

■記憶

- ・位置の記憶
- ・順序の記憶
- ・ものや形の記憶
- ・聴覚的記憶　　　など

■製作

運筆	線の上をはみ出さないでなぞる、直線が描ける、曲線が描ける
色を塗る	はみ出さない、ムラがない、濃淡をつけられる
ちぎる・裂く・破る	ちぎる・裂く・破るの区別がついている、スムーズに線の真ん中をちぎることができる
ハサミを使って切る	下から上に向かって切ることができる、ハサミを回さないで反対の手の動きで曲線を切ることができる、ハサミの刃の適切な位置で切ることができる
貼る	適切な量を使ってのりを紙に塗ることができる、位置を定めて正確に貼ることができる
折る	端と端を揃えて折ることができる、折り目をしっかりとプレスすることができる
紐を結ぶ	固結び、ちょう結び、なわとび結び、玉結びができる
記憶する	作業の順番を指示通りに記憶することができる

など

■運動

模倣体操	手本をしっかり見ることができる、堂々と大きな動きができる、他者を見ないで行うことができる
片足バランス立ち	30秒までできるようにする、右足・左足両方できるようにする
ケンケン・ケンパー	その場でのケンケン・ケンパーができるようにする、ケンケンでふらつくことなく5メートル進める、輪に合わせてケンパーができる
両脚跳び	手を大きく振って跳ぶことができる、両脚でジャンプできる、両脚での着地ができる、着地の際にしりもちをついたり手をついたりしない
くま歩き	四つん這いでひざを床につけずに歩くことができる、前方を見ながら行うことができる、手足をスムーズに動かすことができる、手のひらをしっかりと床につけて体重がかかっても体を支えられる
ボールつき、ボール投げ	片手で10回程度のボールつきができる、3メートル先までボールを投げることができる
マットを使った運動（前転、イモ虫ゴロゴロ）	前転がスムーズにできる、前転後すぐに立ち上がることができる、体を横にして真っすぐにゴロゴロと転がることができる
平均台渡り	端から端まで、両手でバランスを取りながら渡り切ることができる

かけっこ	「よーいどん」の合図で、元気よく走る
リズム運動	手拍子や太鼓、笛などの音に合わせ、体を動かす
待機	自分の順番ではない時に、正しい姿勢で競技者を見ることができる

など

■行動観察

- ・自由遊び
- ・勝敗をつける（ゲーム・競争）
- ・集団製作
- ・集団コミュニケーション
- ・模倣
- ・指示行動　　など

■口頭試問

- ・1対1：立って行う
- ・1対1：座って行う
- ・3〜5人のグループ：横並びで行う
- ・集団の中で行う
- ・テスト課題も含めて行う　　など

試験で求められる所作

試験で必要になることのある所作の、主なものを紹介します。

■お話（挨拶、返事、お礼、自己紹介）

・名前を呼ばれた時に「はい」と元気よく返事ができる

・誰かに会った時に「おはようございます」や 「こんにちは」
　と、日常の挨拶を元気よく交わすことができる

・朝起きた時、家族に「おはようございます」の挨拶ができ
　る

・寝る前に家族に「おやすみなさい」が言える

・食べる前に「いただきます」、食べ終わった時に「ごちそ
　うさま」が言える

・集団の中で、自分の名前と園名及び年齢、誕生日を、大き
　な声でハキハキと言うことができる

・気をつけの姿勢で、相手の目を見て話すことができる

・「です、ます」をつけて話すことができる

・適切な声量で話すことができる

・質問されて、無言にならずにいられる　　　　など

■生活

・自分で素早く靴下をはける

・自分で素早く洋服のボタンをはめられる

・ファスナーの開け閉めが自分でできる

・裏返しになっている洋服を表に直せる

・自分で自分の洋服をたためる

・ハンカチ、ティッシュを身につけている

・トイレの後に手を洗うことができる

・トイレの後に衣服の乱れを直すことができる

・外から戻ったら手を洗い、うがいをしている

・手を洗う際、指の隙間、爪の先なども洗える

・出かける前に、自分で準備をすることができる

・身のまわりのものを整理整頓することができる

・早寝早起きができる

・食事の時に箸が正しく使える

・好き嫌いなく食べることができる

・配膳、片付けができる　　　など

■手先、指先

・クレヨンやクーピーで、線からはみ出さないようにして上
　手に色塗りができる

・折り紙を折る時に、角を揃えて、折り目をしっかりつけな
　がら折ることができる

・いろいろな形の積み木を、崩れないように、できるだけ高
　く積める

・鉛筆を正しく持って、自分の名前をひらがなで書ける

・びんのふたを開けたり、閉めたりできる　　　など

■運動

・右足で、ケンケンをしながら 10 メートルほど進める

・左足で、ケンケンをしながら 10 メートルほど進める

・スキップでリズミカルに進める

- 手押し車で2メートルくらい進める
- 立ったままひざを曲げずに、両手の先を床につけられる
- 腕立て伏せの腕を伸ばした姿勢で、30秒間、床と体が平行になるように維持することができる　　など

■その他

- 10分くらい、静かに椅子に座って、本を読んだり、塗り絵をしたりして、待っていられる
- 保育園や幼稚園であった出来事を、家族に毎日話している
- 何かを借りたい時に、自分で「かして」または「かしてください」と言える
- 何かをしてもらった時に「ありがとう」が言える
- 家族がほかの人と話をしている時に、静かに待っていることができる
- 病院や電車、図書館などの、静かにしなければいけない場所で、きちんと静かにすることができる　　など

学力課題の具体的な内容

学力を問う課題の具体的な内容例です。

■言語・表現

- ・自分の名前・年齢・誕生日を言う
- ・住所・電話番号を言う
- ・家族の名前を言う
- ・幼稚園の名前・組・先生の名前を言う
- ・人前で話をする、歌をうたう、ポーズをとる　　など

■数

- ・1から50まで数をかぞえる
- ・10から1まで逆にかぞえる
- ・「ひとつ」「ふたつ」……「とお」とかぞえる
- ・「ひとつ」は1、「ふたつ」は2……と瞬時にわかる
- ・サイコロの目を見て、いくつかわかる
- ・トランプのカードを見て、いくつかわかる
- ・数の構成がわかる（合わせた数がわかる）
- ・助数詞がわかる　　など

■形

- ・鉛筆で〇△□×を描く
- ・1枚の折り紙で真四角、長四角を4つ作ることができる
- ・1枚の折り紙で三角を4つ作ることができる　　など

■位置・比較

・長さ、重さ、量の比較・系列化ができる

・シーソーを見て三者の重さ比べを理解できる

・上下・前後の場所を表現できる

・自分の左右・相手の左右が理解できる　　など

■常識

・四季を理解して、今の季節を言う

・今日が何月・何日・何曜日か言う

・名前をそれぞれ7個以上言う（野菜、果物、動物、虫、水の中の生き物、花、乗り物など）　　など

■記憶

・4桁の数の復唱

・3桁の数の逆唱

・4つの物を見て覚える

・3つの物を聞いて覚える

・3～4つの物を順番通りに覚える　　など

試験の課題以外の場面で必要な所作

入室時や試験の課題に取り組む前後などの場面で、
必要となることのある所作の、主なものを紹介します。

- ・入室時にはきはきとした声で挨拶ができる
- ・指示に対してきちんと返事をすることができる
- ・指示がでている時の姿勢はきちんとしている
- ・指示がでている時に相手に顔を向けている
- ・指示がでた後に、速やかで正確な行動が行える
- ・家族の隣できちんと待つことができる
- ・5分間立って待つことができる
- ・10分間座って待つことができる　　　など

MEMO

国立小学校データ

全国の国立小学校の住所、学区（通学区域）、選考の時期についてまとめました。データは令和3年度のものとなります。詳しくは、各学校のホームページをご確認ください。

学校名	北海道教育大学附属札幌小学校	選考の時期
住所	北海道札幌市北区あいの里 5 条 3-1-10	12 月上旬
学区	札幌市内	

学校名	北海道教育大学附属函館小学校	選考の時期
住所	北海道函館市美原 3-48-6	1 月上旬
学区	【一部】函館市内及び北斗市、七飯町のうち、学校の定める地域	

学校名	北海道教育大学附属旭川小学校	選考の時期
住所	北海道旭川市春光 4 条 1	1 月下旬
学区	旭川市内及び近隣の町	

学校名	北海道教育大学附属釧路義務教育学校	選考の時期
住所	北海道釧路市桜ヶ岡 7-12-48	1 月上旬
学区	釧路市内（一部を除く）及び釧路町	

学校名	弘前大学教育学部附属小学校	選考の時期
住所	青森県弘前市学園町 1-1	12 月上旬
学区	公共交通機関利用で 60 分以内	

学校名	岩手大学教育学部附属小学校	選考の時期
住所	岩手県盛岡市加賀野 2-6-1	12 月上旬
学区	盛岡市内のうち、学校の定める地域	

学校名	宮城教育大学附属小学校	選考の時期
住所	宮城県仙台市青葉区上杉 6-4-1	11 月上旬
学区	仙台市内	

学校名	秋田大学教育文化学部附属小学校	選考の時期
住所	秋田県秋田市保戸野原の町 13-1	12 月中旬
学区	秋田市在住で、徒歩または公共交通機関で通学できる地域	

学校名	山形大学附属小学校	選考の時期
住所	山形県山形市松波 2-7-2	12 月中旬
学区	山形市内	

学校名	福島大学附属小学校	選考の時期
住所	福島県福島市新浜町 4-6	11 月下旬
学区	福島市内で公共交通機関利用で 60 分以内	

学校名	茨城大学教育学部附属小学校	選考の時期
住所	茨城県水戸市三の丸 2-6-8	11 月中旬
学区	水戸市、ひたちなか市、那珂市（津田、中台、西木倉、東木倉）で公共交通機関利用で 60 分以内	

学校名	宇都宮大学共同教育学部附属小学校	選考の時期
住所	栃木県宇都宮市松原 1-7-38	1 月上旬
学区	宇都宮市内	

データは令和 3 年度のものとなります。詳しくは各学校のホームページをご確認ください。

学校名	群馬大学共同教育学部附属小学校	選考の時期
住所	群馬県前橋市若宮町 2-8-1	11 月中旬
学区	群馬県内、公共交通機関利用で 60 分以内	

学校名	埼玉大学教育学部附属小学校	選考の時期
住所	埼玉県さいたま市浦和区常盤 6-9-44	11 月下旬
学区	【全域】蕨市、戸田市【一部】さいたま市、川口市	

学校名	千葉大学教育学部附属小学校	選考の時期
住所	千葉県千葉市稲毛区弥生町 1-33	12 月上旬
学区	【全域】千葉市中央区、美浜区、稲毛区 【一部】花見川区、若葉区、緑 区　以上の通学時間 60 分以内	

学校名	筑波大学附属小学校	選考の時期
住所	東京都文京区大塚 3-29-1	10 月上旬
学区	東京都 23 区内、西東京市、埼玉県和光市	

学校名	お茶の水女子大学附属小学校	選考の時期
住所	東京都文京区大塚 2-1-1	12 月上旬
学区	東京都 23 区内	

学校名	東京学芸大学附属世田谷小学校	選考の時期
住所	東京都世田谷区深沢 4-10-1	11 月下旬
学区	東京都世田谷区、目黒区及び大田区の一部	

学校名	東京学芸大学附属小金井小学校	選考の時期
住所	東京都小金井市貫井北町 4-1-1	11 月下旬
学区	【全域】昭島市、国立市、小金井市、国分寺市、小平市、立川市、調布市、西東京市、東久留米市、東村山市、日野市、府中市、三鷹市、武蔵野市、杉並区、中野区 【一部】稲城市、清瀬市、八王子市、東大和市、福生市、世田谷区、練馬区、新宿区	

学校名	東京学芸大学附属大泉小学校	選考の時期
住所	東京都練馬区東大泉 5-22-1	10 月中旬
学区	公共交通機関利用で 40 分以内	

学校名	東京学芸大学附属竹早小学校	選考の時期
住所	東京都文京区小石川 4-2-1	10 月上旬
学区	東京都 23 区内	

学校名	横浜国立大学教育学部 附属鎌倉小学校	選考の時期
住所	神奈川県鎌倉市雪ノ下 3-5-10	11 月中旬
学区	【全域】鎌倉市、逗子市、横浜市栄区 【一部】横浜市戸塚区、金沢区、藤沢市、横須賀市、葉山町	

学校名	横浜国立大学教育学部 附属横浜小学校	選考の時期
住所	神奈川県横浜市中区立野 64	11 月下旬
学区	横浜市中区、西区、南区、磯子区、神奈川区、港南区、保土ヶ谷区、港北区、鶴見区、金沢区の公共交通機関利用で 45 分以内	

データは令和 3 年度のものとなります。詳しくは各学校のホームページをご確認ください。

学校名	山梨大学教育学部附属小学校	選考の時期
住所	山梨県甲府市北新 1-4-1	11 月上旬
学区	甲府市及び、その周辺の地域から公共交通機関利用で 60 分以内	

学校名	新潟大学附属新潟小学校	選考の時期
住所	新潟県新潟市中央区西大畑町 5214	11 月下旬
学区	新潟市内・徒歩または公共の交通機関を利用して通学	

学校名	新潟大学附属長岡小学校	選考の時期
住所	新潟県長岡市学校町 1-1-1	11 月下旬
学区	長岡市、または長岡市近隣の市町村、公共交通機関利用で 60 分以内	

学校名	上越教育大学附属小学校	選考の時期
住所	新潟県上越市西城町 1-7-1	11 月下旬
学区	上越市とその周辺地域	

学校名	富山大学人間発達科学部附属小学校	選考の時期
住所	富山県富山市五艘 1300	12 月上旬
学区	富山市及び近郊市町村に在住、公共交通機関利用で 40 分以内	

学校名	金沢大学人間社会学域学校教育学類附属小学校	選考の時期
住所	石川県金沢市平和町 1-1-15	11 月下旬
学区	石川県内在住で公共交通機関利用で 60 分以内	

学校名	福井大学教育学部附属義務教育学校	選考の時期
住所	福井県福井市二の宮 4-45-1	11 月上旬
学区	通学が可能と認められる地域	

学校名	信州大学教育学部附属長野小学校	選考の時期
住所	長野県長野市南堀 77-1	7 月中旬
学区	長野市及び長野市に近接する市町村内で、徒歩及び公共交通機関を利用して通学	

学校名	信州大学教育学部附属松本小学校	選考の時期
住所	長野県松本市桐 1-3-1	7 月中旬
学区	松本市及び松本市に近接する市町村内で公共交通機関利用で 60 分以内	

学校名	静岡大学教育学部附属静岡小学校	選考の時期
住所	静岡県静岡市葵区駿府町 1-94	1 月中旬
学区	公共交通機関利用で 60 分以内	

学校名	静岡大学教育学部附属浜松小学校	選考の時期
住所	静岡県浜松市中区布橋 3-2-1	1 月中旬
学区	静岡県西部地域内（袋井市以西）、公的交通機関利用で 60 分以内	

データは令和 3 年度のものとなります。詳しくは各学校のホームページをご確認ください。

学校名	愛知教育大学附属名古屋小学校	選考の時期
住所	愛知県名古屋市東区大幸南 1-126	1月中旬
学区	【名古屋市内・一部含む】千種区、中村区、西区、名東区、東区、北区、中区、昭和区、瑞穂区、熱田区、守山区、中川区、南区、天白区、港区 【名古屋市外一部】尾張旭市、長久手市、春日井市、瀬戸市、小牧市、清須市	

学校名	愛知教育大学附属岡崎小学校	選考の時期
住所	愛知県岡崎市六供町八貫 15	1月上旬
学区	岡崎市内	

学校名	岐阜大学教育学部附属小学校	選考の時期
住所	岐阜県岐阜市加納大手町 74	12月中旬
学区	岐阜市、羽島市、各務原市、山県市、瑞穂市、本巣市、羽島郡、本巣郡の公共交通機関利用で自宅から附属学校自力通学可能	

学校名	三重大学教育学部附属小学校	選考の時期
住所	三重県津市観音寺町 359	11月下旬
学区	鈴鹿市、津市、亀山市、松阪市の公共交通機関利用で 60 分以内	

学校名	京都教育大学附属京都小学校	選考の時期
住所	京都府京都市北区紫野東御所田町 37	1月中旬
学区	京都府内、60 分以内に通学できる範囲	

学校名	京都教育大学附属桃山小学校	選考の時期
住所	京都府京都市伏見区桃山筒井伊賀東町 46	1 月中旬
学区	京都府内で、公共交通機関利用で 60 分	

学校名	大阪教育大学附属天王寺小学校	選考の時期
住所	大阪府大阪市阿倍野区松崎町 1-2-45	1 月上旬
学区	公共交通機関で 50 分以内	

学校名	大阪教育大学附属平野小学校	選考の時期
住所	大阪府大阪市平野区流町 1-6-41	1 月下旬
学区	公共交通機関で 50 分以内	

学校名	大阪教育大学附属池田小学校	選考の時期
住所	大阪府池田市緑丘 1-5-1	1 月上旬
学区	大阪市淀川区、池田市、豊中市、箕面市、吹田市、兵庫県川西市、伊丹市、宝塚市、猪名川町のうち、学校の指定する地域	

学校名	奈良教育大学附属小学校	選考の時期
住所	奈良県奈良市高畑町	10 月下旬
学区	奈良市内の学校の指定する地域	

データは令和 3 年度のものとなります。詳しくは各学校のホームページをご確認ください。

学校名	奈良女子大学附属小学校	選考の時期
住所	奈良県奈良市百楽園 1-7-28	10 月下旬
学区	奈良県奈良市、生駒市、大和郡山市、天理市、生駒郡平群町、大阪府東大阪市、京都府木津川市、相楽郡精華町のうち公共交通機関利用で 45 分以内	

学校名	神戸大学附属小学校	選考の時期
住所	兵庫県明石市山下町 3-4	11 月下旬
学区	明石市、加古川市、稲美町、播磨町、高砂市、姫路市、たつの市、太子町、相生市、赤穂市、神戸市、芦屋市、西宮市、尼崎市、伊丹市、宝塚市、川西市	

学校名	兵庫教育大学附属小学校	選考の時期
住所	兵庫県加東市山国 2013-4	1 月上旬
学区	兵庫県内	

学校名	和歌山大学教育学部附属小学校	選考の時期
住所	和歌山県和歌山市吹上 1-4-1	12 月中旬
学区	和歌山市、海南市、紀の川市、岩出市、阪南市、岬町	

学校名	滋賀大学教育学部附属小学校	選考の時期
住所	滋賀県大津市昭和町 10-3	1 月上旬
学区	大津市、草津市、栗東市の学校の指定する地域	

学校名	広島大学附属小学校	選考の時期
住所	広島県広島市南区翠 1-1-1	12 月下旬
学区	【全域】広島市中区 【一部】広島市東区、南区、西区、安佐南区、安芸区、佐伯区、安芸郡	

学校名	広島大学附属東雲小学校	選考の時期
住所	広島県広島市南区東雲 3-1-33	1 月中旬
学区	【全域】広島市中区 【一部】広島市東区、南区、西区、安佐南区、安芸区、安芸郡	

学校名	広島大学附属三原小学校	選考の時期
住所	広島県三原市館町 2-6-1	12 月中旬
学区	三原市内及び近隣の市町	

学校名	岡山大学教育学部附属小学校	選考の時期
住所	岡山県岡山市中区東山 2-13-80	1 月上旬
学区	【一部】岡山市中区、東区、北区の学校の指定する地域	

学校名	山口大学教育学部附属山口小学校	選考の時期
住所	山口県山口市白石 3-1-1	1 月上旬
学区	【一部】山口市内の学校の指定する地域	

学校名	山口大学教育学部附属光小学校	選考の時期
住所	山口県光市室積 8-4-1	1 月中旬
学区	公共交通機関利用で通学できる地域	

学校名	鳥取大学附属小学校	選考の時期
住所	鳥取県鳥取市湖山町南 4-101	12 月上旬
学区	公共交通機関利用で 60 分以内	

学校名	島根大学教育学部附属義務教育学校	選考の時期
住所	島根県松江市大輪町 416-4	1 月中旬
学区	松江市内で公共交通機関利用で 60 分以内	

学校名	鳴門教育大学附属小学校	選考の時期
住所	徳島県徳島市南前川町 1-1	1 月中旬
学区	公共交通機関利用で 60 分以内	

学校名	香川大学教育学部附属高松小学校	選考の時期
住所	香川県高松市番町 5-1-55	1 月上旬
学区	高松市内	

学校名	香川大学教育学部附属坂出小学校	選考の時期
住所	香川県坂出市文京町 2-4-2	1 月上旬
学区	香川県内で公共交通機関利用で 40 分以内	

学校名	愛媛大学教育学部附属小学校	選考の時期
住所	愛媛県松山市持田町 1-5-22	1 月中旬
学区	【一部】松山市内の学校の指定する地域	

学校名	高知大学教育学部附属小学校	選考の時期
住所	高知県高知市小津町 10-13	1 月上旬
学区	高知市全域、南国市、いの町	

学校名	福岡教育大学附属福岡小学校	選考の時期
住所	福岡県福岡市中央区西公園 12-1	1 月上旬
学区	公共交通機関利用で 50 分以内	

学校名	福岡教育大学附属小倉小学校	選考の時期
住所	福岡県北九州市小倉北区下富野 3-13-1	1 月中旬
学区	公共交通機関利用で 60 分以内	

学校名	福岡教育大学附属久留米小学校	選考の時期
住所	福岡県久留米市南 1-3-1	1 月上旬
学区	公共交通機関利用で 50 分以内	

学校名	佐賀大学教育学部附属小学校	選考の時期
住所	佐賀県佐賀市城内 2-17-3	1 月上旬
学区	佐賀市、小城市、神埼市、大川市のうち、学校の指定する地域	

データは令和 3 年度のものとなります。詳しくは各学校のホームページをご確認ください。

学校名	長崎大学教育学部附属小学校	選考の時期
住所	長崎県長崎市文教町 4-23	1月上旬
学区	長崎市、時津町、長与町のうち、学校の指定する地域	

学校名	熊本大学教育学部附属小学校	選考の時期
住所	熊本県熊本市中央区京町本丁 5-12	1月上旬
学区	熊本市内、公共交通機関利用で 50 分以内	

学校名	大分大学教育学部附属小学校	選考の時期
住所	大分県大分市王子新町 1-1	12月下旬
学区	大分市内	

学校名	宮崎大学教育学部附属小学校	選考の時期
住所	宮崎県宮崎市花殿町 7-49	12月中旬
学区	【一部】宮崎市内の学校の指定する地域	

学校名	鹿児島大学教育学部附属小学校	選考の時期
住所	鹿児島県鹿児島市郡元 1-20-15	1月中旬
学区	公共交通機関利用で 60 分以内のうち、学校の指定する地域	

学校名	琉球大学教育学部附属小学校	選考の時期
住所	沖縄県中頭郡西原町字千原 1	11月下旬
学区	宜野湾市、浦添市、中城村、那覇市、南風原町、西原町、与那原町、南城市のうち、学校の指定する地域	

著者プロフィール

神山 眞（かみやま まこと）
株式会社オフィス地球丸代表

「遠くから来てもらうよりも、できるだけ近くに行く」ことを掲げ、固定した教室をもたず東京都内の幼稚園や貸しスペースで、〝国立小合格と子育てを融合した授業〟を年間300回開催。指導者や先生という立場ではなく、保護者の皆さまと一緒に子育てをする中肉中背のおじさんとして活動中。

【ちきゅうまるのブログ】では国立小合格のための情報を、365日、毎日更新している。

小栗啓志（おぐりひろし）
チャイルド学院教務主査、
株式会社チャイルド社幼児教育部部長

東京・大阪の幼稚園、保育園の幼児教室の運営・講師として子どもたちの指導にあたるとともに、幼児教育カリキュラム及び教材を作成。チャイルド学院設立にも携わる。国立小学校に合格するための学力・所作を研究し、実際の指導の現場に落とし込み、「笑顔で受験本番を迎えよう」を合言葉に、子どもたちの「合格する力」の育成に取り組んでいる。

親子で挑戦！　子どもの「未来」を考える
国立小学校受験合格完全ガイド Q&A50

| 著 | 神山 眞 |
| | 小栗啓志 |

イラスト　渡辺千春
デザイン　ベラビスタスタジオ
校　　正　山中千恵
編集協力　こんぺいとぷらねっと
印　　刷　宮永印刷

発 行 日　初版 2021 年 8 月 31 日
発 行 人　柴田豊幸
発　　行　株式会社チャイルド社
　　　　　〒 167-0052　東京都杉並区南荻窪 4 丁目 39 番 11 号

ISBN978-4-925258-57-9
©Childsha2021Printed in Japan